KB173668

주식 호가창의 신
100법칙

KABU ITAYOMI NO ONI 100SOKU
© KATSUTOSHI ISHII 2021

Originally published in Japan in 2021 by ASUKA PUBLISHING INC.,TOKYO.
Korean Characters translation rights arranged with ASUKA PUBLISHING INC.,TOKYO,
through TOHAN CORPORATION, TOKYO and EntersKorea Co., Ltd., SEOUL.

———

⊙ 이 책의 한국어판 저작권은 (주)엔터스코리아를 통해 저작권자와 독점 계약한 지상사에 있습니다.
⊙ 저작권법에 의하여 한국 내에서 보호를 받는 저작물이므로 무단전재와 무단복제를 금합니다.

주식 **호가창**의

신

神

주식 **가**

이시이 카츠토시
오시연 옮김

전략이 없으면
주식 거래의
승리도 없다!!

100 **법칙**

지상사
Jisangsa

들어가며

주식투자는 현재, 전에 없는 인기를 누리고 있다. 하지만 뚜껑을 열어보면 주식으로 확실하게 돈을 버는 사람은 많지 않다.

이번에는 돈을 벌었다가 다음에는 돈을 잃는 식이다.

무슨 문제가 있기에 그럴까?

'매매의 방향과 기세'를 느끼는 법을 배우지 못했기 때문이다.

'기세', '느끼는 법'이라고 하면 뭔가 추상적으로 들리고 몇 년 동안 장인이 수련하듯이 힘들게 노력해야 익힐 수 있는 것 아닌가 하는 경계심이 생길 수도 있다.

하지만 그렇지 않다. 우리가 매일 주식 거래를 할 때 약간만 의식을 바꿔도 얻을 수 있다.

그것은 바로 '호가창'이다.

호가창을 주식 주문 입력 시 '수많은 숫자가 나열된 화면'이라고만 생각하는 사람도 있을 것이다. 호가창에는 사고파는 주문을 반영한, 감정이 보이지 않는 숫자가 변화하는 모습이 표시될 뿐이기 때문이다.

그러나 소수의 투자자는 거기서 시장의 숨결을 감지한다.

개인투자자들이 몰려드는 개장 전의 호가창을 통해 눈을 부릅뜨고 장이 열리는 순간을 고대하는 모습을 볼 수 있다.

장이 열리고 약동하는 모습에서 개개인이 어떤 의도로 얼마만큼의 자금을 쏟아부어 승부수를 띄우는지 들여다볼 수도 있다.

이른바 '큰손'이 주가 조작을 시도하는 수법.

로켓을 쏘아 올리듯이 주가가 천정부지로 치솟는 모습.

그곳에는 실시간으로 펼쳐지는 웅장한 드라마가 있다.

그런 흐름을 몸소 느끼면서 주가의 방향성을 읽고 그 방향으로 자금을 투자해 거래 타이밍을 노리면 된다.

"호가창을 읽는 것이 주식투자의 성패를 결정한다."

수십 년 전, 전문 투자자들이 거래소라는 최전방에서 대형 호가창을 보며 승부를 펼쳤던 시대에 통했던 말이다. 이윽고 알고리즘 시스템을 통한 초단타 매매, 시스템 트레이딩이 등장하자 그 기법은 낡고 진부한 방식으로 인식되기도 했다. 그러나 21세기 현재, 지금도 그 말은 보편성을 잃지 않았다.

이 책은 호가창의 정의를 비롯해 호가창의 구조와 호가창의 변동 양상, 시세, 호가창의 방향을 읽는 등 주식투자에 필요한 '호가창 읽기의 기본과 응용'을 100가지 항목으로 정리했다.

주식투자에서 이기고 싶다면 '호가창을 정복'하라. 이를 위해 아직 유사 도서가 없는 '호가창을 읽는 방법을 알려주는' 책을 제공하게 되었다.

이 책이 당신의 주식투자에 많은 도움이 되기를 바란다.

저자 **이시이 카츠토시**

차례

서장 호가창으로 주식 매매를 확인한다

제1장 호가창을 정복하는 자가 주식을 정복한다

제2장 호가창이 움직이는 구조를 파악한다

제3장 호가창의 변화가 나타내는 것

제4장 '시간별 체결가'를 읽는다

제5장 호가창의 매매 균형을 파악한다

제6장 지정가와 시장가 주문의 체결

제7장 호가창의 변동을 보면서 기회를 잡는다

제8장 대량 주문이 들어온 호가창은 이렇게 해석하라

제9장 호가창의 호흡을 느낀다

제10장 살 때와 팔 때의 호가창과 차트

제11장 호가창과 차트로 승부한다

서장

호가창으로 주식 매매를 확인한다

- 어떤 외적인 일로 네가 고통받는다면, 너를 괴롭히는 것은 그 외적인 일이 아니라 그에 대한 네 판단이다.
  마르쿠스 아우렐리우스

- 위험은 자신이 무엇을 하는지 모르는 데서 온다.
  워런 버핏

공포 속에서
하한가의 반등을 본다

　신종코로나바이러스 치료제의 선두 주자인 오사카대 벤처기업 안제스 (4563)는 개인과 세력 양쪽에게 큰 인기가 있다.

　하지만 여간해서는 다룰 수 없는 '날뛰는 말'처럼 급등과 급락을 반복하는 종목이기도 하다.

　이런 종목은 **호가창을 확인하지 않으면 승부**에서 이길 수 없다.

　국민 대부분이 미국산 백신 접종 2차를 마쳤을 무렵, '효과가 없어서 자체 백신 개발을 포기'한다는 소식이 전해졌다. 다음 날 안제스의 주가는 100엔 하락한 하한가로 거래를 마감했다. 그다음 날 아침 8시, 주가는 또다시 100엔 하락한 하한가를 기록했다.

　그러나 2,000엔대에서 300엔대로 떨어지면 움직임이 달라진다는 점에 유의해야 한다.

　백신 개발 실패에 따른 '투매'가 이루어지는 중, 회사에 출근한 겸업 투자자는 호가창을 볼 수가 없다. 9시 개장 시간이 다가

4563	도쿄 ∨	표시	R 매수 매도 신용 상반 C N
안제스			[도쿄M]

현재가	--	2198000	시장가	121700
		매도	지정가	매수
VWAP	--	813300	OVER	
VOL	--	2200	339	
시가	--	100	338	
고가	--	1000	337	
저가	--	100	336	
전일종가	407 11/08	2400	335	
금액		100	333	
연중 최고가	1375 01/12	1100	331	
연중 최저가	407 11/08	5200	330	
시간 체결가 거래량		3300	328	
		2356800 전	327	
			327	전 1651200
			--	
			UNDER	

au카부코무증권 https://kabu.com

오자 매수세가 계속 늘었고, 시초에는 크게 하락한 주가로 출발했지만 '반등' 움직임이 나타났다. 시간별 체결가에 대량의 매수세가 많이 보였고, 차트에 장대양봉이 나타났다.

아침 8시에서 9시가 될 때쯤, '치료제'라는 새로운 재료를 내놓은 안제스의 주가가 심상치 않다. 호가창을 읽지 않으면, 이 시세에 절대로 올라탈 수 없다. 이에 따라 이날의 주가는 아침에 약세로 출발했다가 보기 좋게 반등했다. 공포에 사서 데이트레이딩 한 사람의 완전한 승리다. 1,000주, 2,000주의 큰 매수세가 나타났는데, 프로들은 비관론이 꽃을 피운 가운데에서도 뚝심으로 승부한다. **개인투자자들 또한 호가창을** 보며 승부를 건다.

이처럼 호가창은 주식투자의 성패를 가르는 분기점이라 할 수 있다.

[**어느 날의 [4563 안제스] 호가창과 차트**]

가부탄 https://kabutan.jp

PTS에서 대폭 상승한
재료주의 호가창

리케이(8226)는 2022년 3월기[1] 연결경상이익 6,600만 엔 흑자(전년 동기 6,700만 엔 적자)라는 예상 실적을 발표했다. 이에 따라 그날 밤 PTS[2](야간장 외거래)에서 주가가 60엔이나 상승했다.

그러면 다음 날 아침의 시세는 어땠을까?

8시 이후에는 PTS의 움직임에 맞춰 상한가로 시작했지만, 시간이 지나면서 매도세가 증가했다. 이를 본 투자자들이 전날 산 **가격보다 비싸게 팔고 싶은 마음에 매도 물량**을 쏟아냈다. 9시 개장 전에는 매도가 늘면서 상한가보다 낮은 주가로 매수와 매도세가 균형을 이루었다.

호재에 반응해 장이 시작하자마자 매수세가 밀려들면서 3분마다 호가가 올랐다.

장이 열린 지 21분 만에 겨우 매수세와 매도세가 맞아떨어져 거래가 체결되었다. 전날 주가는 318엔이었는데, 이날 장 초반은 377엔이었다. 즉, 59엔이나 주가가 뛰었다. PTS의 종가보다 1엔

au카부코무증권 https://kabu.com

낮게 시작한 가격이다.

개장 직후에는 상한가가 되지 않은 것으로 보아 매도가 많았음을 알 수 있다. 분봉 차트를 보면 음봉을 그리고 있다.

아침 일찍 팔았던 사람이 수익을 낼 수 있었다.

이런 식으로 **호가창으로 거래소의 거래 상황을 확인해야만 알 수 있는 정보들이 있다.** PTS만 보고 황급히 매수한 사람은 재미를 보지 못했다.

거래소에서 전날 종가에 매수한 사람이 수익을 낼 수 있었던 사례다.

8:34 [어느 날의 [8226 리케이] 호가창] 9:21

왼쪽 호가창 (8:34)

매도	지정가	매수
	OVER	
	--	
246200	398	
52000	397	
3500	396	
7700	395	
15700	394	
6500	393	
4500	392	
3600	391	
405300 전	390	
	389 전	381800
	380	500
	375	200
	370	1000
	369	2000
	368	100
	365	2700
	363	5000
	362	13200
	360	46600
	UNDER	302900

현재가 --- / VWAP -- / VOL -- / 시가 -- / 고가 -- / 저가 -- / 전일종가 318 11/09 / 연중 최고가 362 11/09 / 연중 최저가 196 03/05 / 시장가 151100 · 368300

오른쪽 호가창 (9:21)

매도	지정가	매수
473600	OVER	
9200	389	
9000	388	
16200	387	
1800	386	
8900	385	
2600	384	
6500	383	
5800	382	
5000	381	
1200	380	
	378	2900
	377	30700
	376	7200
	375	19800
	374	13500
	373	5800
	372	7400
	371	23600
	370	26000
	369	18600
	UNDER	823500

현재가 378 09:21 / +61 +19.18% / VWAP 377.3276 / VOL 952800 / 시가 377 09:21 / 고가 384 09:21 / 저가 377 09:21 / 전일종가 318 11/09 / 금액 359517700 / 연중 최고가 384 11/10 / 연중 최저가 196 03/05

시간	체결가	거래량
09:21	378	100
09:21	378	900
09:21	379	5600
09:21	379	100
09:21	379	100
09:21	380	900
09:21	380	3000
09:21	380	100
09:21	379	100
09:21	379	100
09:21	379	100
09:21	379	100

호실적에 반응하는
주가 상승의 호가창을 좇는다

15기 만에 최고 이익을 낸 일본전자재료(6855)다.

배당도 20엔이나 증액해 주주들을 놀라게 했다.

이 종목은 소형주라기보다는 중형주여서 호재가 있어도 쉽게 상한가에 도달하지 못한다.

아마도 호재에 반응하여 아침부터 고공행진을 하는 주가가 될 것으로 보인다.

오전 8시의 호가창을 보면, **시장가 매수세가 매도세보다 2배 이상으로 강세**를 보였다. 호가는 전날이 1,952엔이었는데, 2,099엔에서 움직였다.

기업의 실적 호조를 반영해 강력한 매수세가 들어온 것이다.

매수하고 싶은 가격이다.

상한가가 되면 그 이상으로 매수하는 사람은 거의 없을 테니 최상의 시세라고 할 수 있다.

9시, 시초가 2,040엔으로 조용히 출발했다가 매수세를 부르

6855	도쿄 ∨	표시	R 매수 매도 신용 상빵 C N

전자재료 [도쿄1]

현재가	-- --	22100	시장가	56600
		매도	지정가	매수
VWAP	--	125300	OVER	
VOL	--	1600	2130	
시가	--	300	2124	
고가	--	100	2123	
저가	--	4100	2120	
전일종가 1952	11/09	1100	2115	
금액	--	1000	2111	
연중 최고가 2643	01/14	1700	2110	
연중 최저가 1616	03/09	100	2105	
		1000	2102	
시간	**체결가**	**거래량**		
			68200 전	2100	
--	--	--		2099	전 66700
--	--	--		2097	100
--	--	--		2095	100
--	--	--		2080	200
--	--	--		2070	300
--	--	--		2055	400
--	--	--		2052	1100
--	--	--		2050	400
--	--	--		2040	100
--	--	--		2029	100
--	--	--		UNDER	80900

au카부코무증권 https://kabu.com

주식 호가창의 신 100법칙

며, 단숨에 2,161엔으로 뛰어오른다.

차트를 보면 알 수 있듯이 아침부터 지속적으로 상승해 주가는 장대양봉을 보였다. 이 종목을 아침 일찍부터 호가창을 읽고 매수했다면 단 몇 분 만에 수익을 낼 수 있었을 것이다.

호가창을 잘 관찰하는 사람에게만 주어지는 보상이다.

개인과 법인 모두 당시의 화제성이 있는 종목을 거래하고 싶어하므로, 호가창을 보고 너무 오르지 않은 상태라면 재빨리 시류에 편승해 수익을 내는 것이 적합하다.

이처럼 호재성 뉴스를 재료로 상승하여 그 후 지속적으로 주가를 올려가는 종목은 얼마든지 있다. 이 경우 일봉보다는 분봉을 보면서 과감하게 매매해서 수익을 내면 좋다.

[어느 날의 [6855 일본전자재료] 호가창과 차트]

가부탄 https://kabutan.jp

뉴스에 반등하는
종목으로 소소하게 번다

요즘은 중장기적 주가를 예측하기 어려워서 스윙[3]이나 데이트레이딩으로 수익을 내는 것이 바람직하다. 앞날은 아무도 알 수 없으므로 **현재 일어나는 단기적 변동성을 이용해서 낸 수익을 차곡차곡 쌓아가는 것**이 현명하다.

여기서 예로 드는 닛산자동차(7201)는 저가주[4]에 속한다. 실적은 그저 그렇지만 어느 날 닛산의 한 기술자가 '현대의 명장(現代の名工)'이라는 상을 받았다. 2021년도 후생노동성 장관이 주철 용해 분야의 일인자에게 '탁월한 기술자 표창(현대의 명장)'을 수여한 것이다.

이 상을 받았다는 소식은 대체로 긍정적으로 평가된다.

주가는 뉴스에 반응해 이미 움직이고 있었고, 이날은 상승 이틀째지만 다소 등락이 있을 것으로 보고 아침부터 시장을 주시했다.

전날 큰 폭으로 오른 만큼 이날 아침은 수익을 실현하려는 매도 물량이 많았다. 전기차라는 재료가 있긴 하지만 실적 중 비

7201 도쿄 ∨	표시		R 매수 매도 신용 상황 C N
닛산자동차			도쿄1
현재가 --	329500	시장가	254400
VWAP --	매도	지정가	매수
VOL --	5920000	OVER	
시가 --	8100	633.5	
고가 --	400	633.1	
저가 --	10900	633.0	
금액 --	5200	632.9	
전일종가 634.0 11/10	30500	632.1	
연중 최고가 664.5 02/10	26900	632.0	
연중 최저가 501.0 05/12	5000	631.9	
시간 체결가 거래량	1100	631.0	
	1000	630.2	
	486200 전	630.0	
		629.9	전 473000
		629.1	13500
		629.0	13000
		628.5	1000
		628.4	46200
		628.2	300
		628.1	18600
		628.0	37200
		627.7	4500
		627.6	6200
		UNDER	2005900

au카부코무증권 https://kabu.com

중이 작은 편이라 큰 상승을 기대할 수는 없었다. 소폭의 이익을 노리고 약 600엔에 1,000주 매수 주문을 냈다.

지정가 633엔에 매수가 체결되었다. 즉시 3엔을 얹어서 매도 주문을 냈다. 원활하게 체결되었다. 가격 폭이 3엔이라 3,000엔밖에 수익이 안 났지만 나쁘지 않다.

저가주에서 소소하게 **수익을 낼 생각으로 연습하면 호가창을 보는 실력이 향상**된다. 그렇게 하면 큰 이익, 때로는 '텐버거'[5]를 얻는다는 목표를 달성할 수 있다.

우선 작은 성공 체험과 함께 호가창을 읽으면서 주식을 예측하는 기술을 쌓도록 하자.

[**어느 날의 [7201 닛산자동차] 호가창과 차트**]

가부탄 https://kabutan.jp

연속 상한가를 기록하다가
나타나는 갑작스러운 하한가

소형주가 급등할 때는 조심해야 한다.

어느 날 유메텐보(夢展望, 3185)에 갑작스러운 매수세가 몰려 눈길을 끌었다. 주가는 300엔에서 400엔대 사이로 별로 부담스럽지 않다. 젊은 여성 의류를 온라인으로 판매하는 기업인데, 실적은 바닥권이었지만 영업이익이 증가했다는 재료가 있다.

사상 최대의 거래량을 수반하면서 급등세를 보였다. 상한가가 사흘째 이어지면서 주가는 200엔대에서 500엔으로 오르며 '이거 텐버거 아니냐'는 분위기가 조성되었고 이에 불나 방처럼 매수세가 더욱 몰렸다.

그런데 주가가 623엔을 찍자 갑자기 매도 물량이 쏟아지면서 장대음봉이 등장했다. 세력의 시세 조종이다.

장대음봉을 보고 줄행랑쳐야 겠다고 생각했지만, 다음 날 아침, 호가창을 보니 하한가 부근에서 매도세가 나타나고 있었다. 과연 무사히 팔 수 있을지 걱정

3185	도쿄	∨	표시		R 매수 매도 신용 싱반 C N
유메텐보					[도쿄M]
현재가	--	--	245700	시장가	42900
			매도	지정가	매수
VWAP	--		390700	OVER	
VOL	--		1600	368	
시가	--	--	300	363	
고가	--	--	100	362	
저가	--	--	100	362	
전일종가	383	11/11	10300	360	
금액			800	358	
연중 최고가	628	11/11	400	353	
연중 최저가	201	10/05	100	350	
시간	체결가	거래량	700	344	
			100	308	
"	"		248500 전	303	
"	"			303	전 139300
"	"			--	
"	"			--	
"	"			--	
"	"				
"	"				
"	"				
"	"				
"	"			UNDER	

au카부코무증권 https://kabu.com

주식 호가창의 신 100법칙

스러웠지만, 시초가가 급락으로 출발해 천만다행으로 매매가 성립되었다.

이런 사례에서는 도망치지 않으면 큰일 난다.

오전장[6]이 끝날 무렵에는 주가가 더 떨어져 이틀 연속 음봉을 그렸다.

결국 600엔에서 300엔으로 반토막이 났다. 거래량을 보면 작전 세력이 탈출한 흔적이 없다. 이것은 명백히 실패한 세력주다.

상한가를 기록하면서 눈에 띄는 종목 중에는 시체가 즐비한 종목도 꽤 있다. **호가창의 매매 균형을 살펴보고 재빠르게 대응하지 않으면 계좌가 녹아내리는 경험을 할 수도 있다.**

상한가에서 반전되어 하락하면서 600엔이 깨지는 순간이 탈출 시점이다. 호가창을 볼 줄 모르는 사람은 참여해서는 안 되는 사례다.

[어느 날의 [3185 유메텐보] 호가창과 차트]

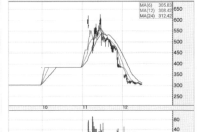

가부탄 https://kabutan.jp

차트를 본 뒤 호가창을
확인하는 든든한 매매 기법

아침에 호가창을 보는 것 외에도 그날의 캔들, 즉 일봉을 확인한 뒤 호가창을 보면서 기회를 잡는 방법도 있다.

어느 날 TV 주식 프로에서 니혼이타가라스(5202)가 등장했다. 일봉 차트를 보니 대바닥권에서 '긴 아랫꼬리 양봉'이 등장했다. **매수 시점의 정석**이라 할 수 있다.

호가창을 보니 UNDER가 많은, 매수자에게 유리한 상황이다. 시간별 체결가에는 100주 단위로 매매하는 개인투자자들의 거래에 섞여서 2,000주, 3,000주의 매수세가 보였다.

[어느 날의 [5202 니혼이타가라스] 호가창과 차트]

가부탄 https://kabutan.jp

주식 호가창의 신 100법칙

큰손, 다시 말해 세력이 들어와 있다.

이번에는 5분봉을 확인했다. 장이 열리자마자 하락하면서 출발한 뒤 반등했다. 즉 아랫꼬리가 달린 양봉이다.

대형주이지만 매수세가 아주 많지는 않아서 조금씩 오를 것으로 보였다. 신용거래는 3배 정도이니 나쁘지 않다. 이날은 매도보다 매수세가 많았다.

차트에 민감한 사람들이 거래에 뛰어든 것을 알 수 있다.

이 종목의 재료는 신재생 에너지인 태양광 패널과 관련이 있다.

요즘 시류에 편승한 재료가 있고 미국 고객을 대상으로 생산량을 늘릴 계획이다. 실적은 '흑자로 돌아섰다.'

이 경우는 초보자에게 추천하고 싶을 만큼 가장 리스크가 적은 거래 시점이라고 할 수 있다.

이 종목뿐만 아니라 도쿄증권거래소에는 유사한 차트와 실적 추이를 보이는 종목들이 많다. 확실하게 수익을 내서 차곡차곡 모아가고 싶은 사람은 이런 종목들로 자산을 모으면 된다.

이것저것 손을 대는 대신, **'아랫꼬리가 달린 양봉'이라는 한 가지 유형만 노려도 이익을 쌓을 수 있으니** 꼭 참고하자.

5202	도쿄 ∨	표시	R 매수 매도 신규 신용 C N
니혼이타가라스			도쿄1

현재가	567	09:45
	+3	+0.53%
VWAP	552.1759	
VOL	944800	
시가	562	09:00
고가	567	09:44
저가	535	09:04
전일종가	564	11/11
금액	521695800	
연중 최고가	785	05/10
연중 최저가	455	01/04

	시장가	
매도	지정가	매수
214000	OVER	
8200	576	
8500	575	
36000	574	
13100	573	
11300	572	
11600	571	
36200	570	
9900	569	
11200	568	
900	567	
	566	5900
	565	6400
	564	10500
	563	15500
	562	18500
	561	8400
	560	18800
	559	13400
	558	20300
	557	6800
	UNDER	299200

시간	체결가	거래량
09:45	567	100
09:45	567	100
09:45	567	300
09:45	567	800
09:45	567	100
09:45	567	200
09:45	567	200
09:45	567	2200
09:45	567	200
09:45	567	3100
09:44	567	1000
09:44	566	100
09:44	566	100
09:44	566	1600
09:44	566	200

au카부코무증권 https://kabu.com

호실적을 발표하는
종목을 고른다

인기가 전혀 없는 종목들이 호실적을 발표하면 갑자기 인기를 끄는 것은 꽤 흔한 일이다.

그 종목이 소형주라면 단숨에 상한가가 되곤 하는데, **조기 진입이 가능하다면** 상한가까지는 아니어도 실적에 부합하는 주가까지 오를 가능성이 크다.

의료서비스 사업을 하는 메드피어(6095)는 의사와 약사 전용 커뮤니티 사이트를 기반으로 한 의료전문 기업이다. 제약사들을 위한 온라인 서비스로 수익을 창출한다.

주가는 고점인 8,000엔대에서 3,000엔대까지 크게 하락했다. 그런 상황에서 50% 가까운 이익 증대라는 실적 발표 뉴스가 났다.

다음 날은 아침부터 매수세가 몰려들더니 시세가 조금씩 올랐고 개장 전에는 상한가 매수세를 보였다.

하지만 매수세가 아주 많은

6095	도쿄	∨	표시	R 매수 매도 신용 상황 C N
메드피어				[도쿄1]

현재가	3755	09:32	25800	시장가	201600
	+700 +22.91%		매도	지정가	매수
VWAP	3736.7545		--	OVER	
VOL	387000				
시가	3750	09:27	"	--	
고가	3755S	09:28	"	--	
저가	3620	09:27	"	--	
전일종가	3055	11/11	"	--	
금액	1446124000		"	--	
연중 최고가	8850	01/04	"	--	
연중 최저가	3005	11/11	"	--	

시간	체결가	거래량			
			"	--	
09:32	3755	2400	"	--	
09:32	3755	700	"	--	
09:32	3755	100	77700 +	3755	
09:32	3755	400	"	3755 특	254300
09:32	3755	400	"	3750	1300
09:32	3755	100	"	3745	500
09:32	3755	74900	"	3740	800
09:32	3755	300	"	3735	500
09:32	3755	100	"	3730	800
09:32	3750	200	"	3725	200
09:32	3750	1100	"	3720	400
09:32	3750	200	"	3715	200
09:32	3750	400	"	3710	400
09:32	3750	200	"	UNDER	127900
09:32	3750	100	"	＊	

au카부코무증권 https://kabu.com

주식 호가창의 신 100법칙

것은 아니므로 시초가에 매수할 가능성도 있다.

장기적으로 질질 내려간 인기 없는 종목들은 강력한 실적 상승으로 바닥을 치고 반등할 가능성이 있다.

세력의 의도적인 움직임이 아니라 실적이 뒷받침되는 종목이 바닥에서 반등하는 경우에는 리스크가 적으므로 거래에 참여해도 좋을 것이다.

아침, 일시적으로 주가가 하락한다. 상한가가 풀리는 시점이다.

전날의 낮은 주가와 비교하면 갭상승한 가격이지만 상승 첫날이다. 투기 세력의 움직임이 아닌 실적을 바탕으로 한 상승이므로 눌림목을 형성할 수도 있지만, 하락 추세에서 상승 추세로 돌릴 가능성이 더욱 크다.

호가창을 봐도 매수세가 압도적으로 많으므로 단기적으로 많은 수익을 챙길 수 있는 움직임이다.

단기적으로 강력하게 수익을 얻을 수 있는 차트이자, 실적, 호가창이다.

[어느 날의 [6095 메드피어] 호가창과 차트]

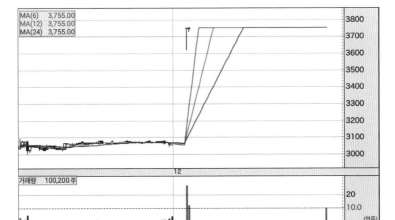

가부탄 https://kabutan.jp

NY다우 필라델피아 반도체 지수 하락에 따른 반도체 종목의 반등을 노린다

이 책을 쓰고 있는 지금, 반도체 종목은 대체로 실적 호조를 보이고 있다. 사물인터넷(IoT)과 IT기술, 나아가 5G 시대를 맞아 당분간 이와 관련된 종목의 주가는 강세를 띨 것이다.

여기서는 반도체 제조장비에서 인기 종목인 어드반테스트(6857)의 주가를 살펴보겠다.

이날은 뉴욕 다우 시장이 약해서 이 종목도 약세를 보였다. 전날 9,890엔으로 마감했지만, 이날의 주가는 9,740엔 부근이다.

인기 종목이 **미국 시장의 하락으로 싸게 시작할 때는 반등을 노리며 아침 일찍 들어가는 것**이 성공률이 높다.

우선, 시장가 주문으로 최소 주문 단위인 100주만 매수했다.

필라델피아 반도체 지수(SOX) 하락에 놀란 무리, 주로 개인의 급매물이겠지만 매도세가 쏟아져 주가는 낮은 가격에서 시작했다.

6857	도쿄	표시	R 매수 매도 신용 상환 C N
어드반테스트			[도쿄1]

현재가	--		52600	시장가	31600
			매도	지정가	매수
VWAP	--		174600	OVER	
VOL	--		100	9830	
시가	--		700	9820	
고가	--		500	9810	
저가	--		2000	9800	
전일종가	9890	11/10	900	9790	
금액	--		400	9780	
연중 최고가	1550	09/16	500	9770	
연중 최저가	7630	01/04	500	9760	
시간	체결가	거래량	800	9750	
"	"		95900 특	9740	
"	"			9740	71000
"	"			9730	1000
"	"			9720	4400
"	"			9710	3500
"	"			9700	5300
"	"			9690	800
"	"			9680	100
"	"			9670	2700
"	"			9660	700
"	"			9650	17700
"	"			UNDER	109900

au카부코무증권 https://kabu.com

주식 호가창의 신 100법칙

하지만 그때야말로 주식 고수와 전문가들이 노리는 시점이다.

싸게 출발했지만, 서서히 주가가 오르더니 시가에 비해 높은 가격으로 반등했다. 9시 40분에는 전날 종가보다 높은 10,020엔으로 올랐다.

무려 전일 대비로 130엔, 시초가와 비교하면 300엔이 올랐다. 100주로 짧은 시간에 3만 엔의 이익을 얻을 수 있었다.

여기서 호가창을 보고 단시간에 거래하는 것이 유리하다는 사실이 드러난다. 기껏해야 호가창이라고 하겠지만 호가창의 변화는 '수익을 내기 위한 최상의 도구'다. 당연히 충분히 활용해야 한다.

'호가창 읽기'는 주식투자에서 이기기 위한 '보물 창고'라고 할 수 있으니 잘 이용해보자.

[어느 날의 [6857 어드반테스트] 호가창과 차트]

가부탄 https://kabutan.jp

미러리스 카메라로
부활 종목의 반열에 오르다

니콘(7731)은 일안 리플렉스카메라(SLR, 일안 반사식카메라)로 유명한 기업이다. 주식 전문가와 일반인 모두에게 꾸준히 사랑받는 종목이며 또한 반도체 장비 제조라는 재료도 있다.

한때는 스마트폰 등장으로 인한 디지털카메라 매출 부진으로 실적이 떨어졌지만 최근 들어 미러리스 카메라, 특히 고가의 상급 기종 주문 폭주로 생산이 따라가지 못하는 상황이다.

주가도 이를 반영하고 있지만, 아직 초입부라 할 수 있다.

어느 날 아침 호가창을 보자.

대부분 100주, 300주 등의 소액 주문이 눈에 들어온다. 간혹가다가 3,000주 정도의 체결가가 보인다.

대부분 소액이고 가끔 큰돈이 들어오는 정도다.

이런 초입부에 올라타는 것이 투자의 기본이다.

다시 호가창을 확인하고 약간 높은 가격으로 매수 주문을 내서 상승 추세에 올라탄다.

인스타그램이라는 트렌드에 맞추어 미래를 기대할 수 있고 심지어 정부 보조금이 반도체 노광장치에 투입되기 때문에 눈여겨볼 만한 종목이다.

주식에서 이기기 위한 중요한 투자 스타일이다.

[어느 날의 [7731 니콘] 움직]

일봉 차트

5분봉 차트

가부탄 https://kabutan.jp

소액 거래에 규모가 큰 거래가 섞여 있다

7731	도쿄	∨	표시	R 매수 매도 신용 신규	C N 도쿄1

니콘					

				시장가	
현재가	1194	09:32	--	매도	지정가	매수

	+23 +1.96%		410200	OVER	
VWAP	1191.7596		30500	1203	
VOL	656100		8000	1202	
시가	1193	09:00	7800	1201	
고가	1198	09:06	48200	1200	
저가	1184	09:00	35300	1199	
전일종가	1171	11/12	15500	1198	
금액	781913500		25700	1197	
연중 최고가	1360	09/10	21500	1196	
연중 최저가	633	01/04	10100	1195	
			7000	1194	

시간	체결가	거래량			
09:32	1194	300		1193	3100
09:32	1194	100		1192	9300
09:32	1194	1600		1191	8100
09:32	1194	200		1190	21000
09:32	1193	200		1189	20800
09:32	1193	1100		1188	45500
09:31	1193	1400		1187	8300
09:31	1193	100		1186	7800
09:31	1193	100		1185	8900
09:31	1193	300		1184	31700
09:31	1193	4600		UNDER	211900
09:31	1193	1000			
09:31	1194	100			
09:30	1193	300			
09:30	1193	400			

au카부코무증권 https://kabu.com

서장 호가창으로 주식 매매를 확인한다

실적 대폭 상향 조정
뉴스 속보를 보고
아침 일찍 사지 않는다

주식 사이트에서는 매일같이 실적 동향 뉴스가 나온다.

누구나 이 뉴스를 눈여겨보기 때문에 개장 시간에는 일반적으로 주가가 크게 뛰어오른다.

어느 날 아침, MRT(6034) 주가가 아침부터 뛰어올랐다.

전주말에 21년 12월의 실적 예상을 상향 조정했기 때문이다. 예상 영업 이익은 11억 5,000만 엔(전기대비 4.4배). 그야말로 경이로운 수치였다.

그러나 시장에는 **'모두가 알았을 때 황급히 사면 위험하다'는 법칙**이 있다. 이날 아침의 호가창은 9시 반이 넘자 350엔이나 올랐다.

아마도 이날의 거래 시간 중 가장 높은 주가일 거라고 생각하며 이성적으로 호가창을 살펴보았다. 1시간 뒤, 아니나 다를까 150엔 상승한 가격으로 진정되었다. 오전부터 캔들은 '장대음봉' 모양을 했다.

이런 뉴스를 듣고 아침 일찍 서둘러 매수하면 대부분 실패한

6034	도쿄	∨	표시		R 매수 매도 신용 상한 C N
MRT					[도쿄M]

			--	시장가	--
현재가	2052	09:34	매도	지정가	매수
	+352	+20.70%	25900	OVER	
VWAP	2085.0851		200	2066	
VOL	311400		500	2065	
시가	2100	09:27	100	2064	
고가	2100S	09:27	200	2063	
저가	2028	09:30	200	2061	
전일종가	1700	11/12	1200	2060	
금액	649295500		200	2059	
연중최고가	2468	09/01	600	2057	
연중최저가	1089	03/05	200	2056	
시간	체결가	거래량	200	2055	
09:34	2052	100		2051	100
09:34	2055	600		2050	100
09:34	2055	100		2049	100
09:34	2051	100		2048	200
09:34	2051	100		2046	400
09:34	2051	100		2044	100
09:34	2052	100		2043	200
09:34	2056	200		2042	100
09:34	2054	300		2040	4500
09:34	2055	100		2039	700
09:34	2055	900		UNDER	109100
09:34	2056	100			
09:34	2058	100			

au카부코무증권 https://kabu.com

주식 호가창의 신 100법칙

다. 호가창을 보고 있으면, 실적 발표 전까지 매수했던 사람들이 수익을 실현하는 데 이용되었음을 알 수 있다.

이런 종목을 매수하고 싶다면 주가가 떨어졌다가 반등하는 시점에 진입하는 것이 현명하다.

개인투자자들은 항상 부화뇌동하다가 당한다. 그런 습성에서 벗어나야 한다. 그것을 가르쳐주는 것이 호가창과 시간별 체결가다.

참고로 이 종목을 보면 대규모 주문은 별로 보이지 않고 주로 개인투자자들이 중심이 된 게임판이다.

투자는 안정적으로 수익을 내는 기업의 주식을 눌림목에서 매수하는 것이 성공할 확률이 높다. **일시적 변동성을 이용해 매수하는 것은 리스크가 크다.**

[어느 날의 [6034 MRT] 호가창과 5분봉 차트]

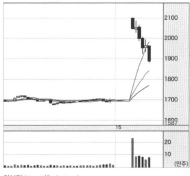

가부탄 https://kabutan.jp

제 **1** 장

호가창을
정복하는 자가
주식을
정복한다

- 우리는 이 방대한 정보량을 다 받아들이는 대신 어떤 것이 자신에게 필요한지 판단하는 기술을 익혀야 한다.
  데쓰카 오사무

- 뼈아픈 일을 당한 것은 언제나 '자신의 판단이 옳다는 확신을 품고 게임을 할 수 있을 때만 주식 거래에 참여한다'는 원칙을 지키지 못했을 때였다.
  제시 리버모어

시시각각 욕망을
드러내는 호가창

주식 매매에서 '호가창 정보'는 없어서는 안 되는 것이다.

주식 거래 관리를 '판 올림'이라고도 하는데, 각 종목에 대한 매도 희망 주문과 매수 희망 주문이 주가와 주문 수량을 대조하면서 이루어진다.

옛날에는 칠판으로 그 작업을 했기 때문에 '판'이라는 용어가 남아 있고 그 용어에서 고색창연한 냄새를 느끼는 사람도 있을 것이다.

하지만 지금은 물론 컴퓨터 시스템에서 그 작업이 이루어진다.

주문을 입력하자마자 반영되고 증권계좌를 가지고 있으면 누구나 호가 창을 볼 수 있다.

투자자는 그 움직임을 보고 매수·매도 판단을 하면서 거래 시점을 잰다.

'호가창'은 주식 거래에 꼭 필요하며 거래할 때의 '최우선 사항이자 핵심 요소'라고 할 수 있다.

이 데이터는 도쿄증권거래소 등이 기준으로 한 것으로 도쿄증권거래소 1부, 2부 등의 거래소에서 증권사의 웹 사이트로 전송된다.

거래소에서 증권사 사이트에 도달하는 시차, 즉 우리가 보는 거래 화면 과의 시간차는 1초도 안 된다.

즉 시간차가 없다고 봐도 무방하다.

시시각각 변하는 주가는 '체결가'라는 형태로 증권사 웹 사이트와 휴대전화 앱에 표시되므로 호가창을 통해 주식 거래 체결 여부를 알 수 있다.

이와 동시에 투자자들에게 1분봉, 5분봉, 15분봉 등 캔들이 표시된 차트가 주가 변동을 나타낸다.

각 증권사는 캔들을 기반으로 한 다양한 차트를 제공하여 주가 변동을 실시간으로 보여준다. 나도 주식을 거래할 때 매우 유용하게 활용한다(차트에 관해서는 《주식 차트의 신 100법칙》을 참조). 하지만 그보다 더욱 빨리 눈이 어지럽도록 변하는 주가는 '호가창 정보'를 통해서 얻는 것이 낫다.

호가창의 데이터를 바탕으로 차트가 만들어지기 때문이다.

모든 주식 거래의 **기본 중의 기본은 호가창**이다.

주식 거래는 이 '호가창 정보'를 읽을 수 있다는 전제하에서 이루어진다.

호가창은 실시간
매매의 전부다

주식투자의 최종 데이터는 '호가창 정보'다.

시시각각 변하는 거래 현장이 바로 호가창이며, 그 모습을 시간순으로 나타낸 것이 차트, 즉 캔들이다.

그런 의미에서 캔들은 **'과거의 데이터'**라고 할 수 있다. 반면 호가창은 순간순간을 실시간으로 포착해 보여주는 데이터이며, 눈앞에서 일어나는 주가 변동을 나타낸다.

또한 시시각각 변하는 주가와 체결된 거래 수량의 움직임으로 차트만으로는 알 수 없는 주가의 숨결을 읽을 수 있다.

이것은 전 세계 투자자들이 보고 있다.

그 나라 사람뿐 아니라 뉴욕에서도 아랍에서도 한국에서도 중국에서도 보고 있다는 말이다.

인기가 없는 종목의 호가창을 보면 움직임이 단조롭지만, 인기 있는 종목의 호가창은 바쁘게 변한다. 눈이 돌아갈 듯이 화면이 계속해서 바뀐다.

위로 가거나 아래로 간다.

얼마나 되는 수량이 거래되고 있는가.

큰손들은 얼마나 참여했는가.

100주 단위로 매매하는 개인투자자들은 얼마나 참여했는가.

이 모든 것을 호가창의 움직임으로 알 수 있다.

매매 기회가 시각적으로 표시된 것이 호가창이므로 호가창을 잘 해석하면 주식투자로 좋은 성과를 낼 수 있다.

참고로 당신은 주식을 거래할 때 '실시간으로 정신없이 변하는' 호가창을 보면서 하는가? 컴퓨터 매매 화면에서는 '움직이지 않는' 호가창을 제공하는 증권사도 있다. 상태를 확인한 후 '움직이는' 호가창을 볼 수 있도록 환경설정을 해보자.

매도	시장가	매수
	지정가	
26500	OVER	
2300	1600	
3800	1599	
8800	1598	
	1597	111400
	1596	25000
	1595	8800
	UNDER	502200

매수 기관

매수

아침 8시부터
시작하는 호가

장이 열리는 시간이 9시부터니까 전투는 9시에 시작된다고 생각하진 않는가?

실은 **주식시장의 '시작'은 아침 8시다.**[8]

거래가 있는 날 아침의 '호가'는 아침 8시 정각부터 컴퓨터와 휴대전화의 증권사 사이트와 앱으로 볼 수 있는 호가창에 표시된다.

각 종목이 '강한지 약한지'는 그날 아침 8시 호가창의 '매수호가와 매도호가의 균형'으로 거의 예측할 수 있다.

시장가 매수 주문이 매도보다 훨씬 많으면, 그 종목은 아침 시초가에 크게 올라 주문이 체결될 것이라고 짐작할 수 있다.

주식 거래는 상상하고 예측하는 것이다. 이것이 중요하다.

8시 정각에 표시되는 매매 호가는 지정가 주문, 시장가 주문은 전날 장 마감 후부터 다음 날 8시까지 나온 주문들이다.

그 시점에 투자자가 각 종목에 관해 어떤 생각을 하고 주문하는지 알 수 있다.

전날 보도된 다양한 뉴스와 기업 실적을 알려주는 재무제표 수치, 여러 가지 리스크와 NY 주식시장 동향 등 이 모든 것이 엮여서 수치로 나타난 것이다.

전날 장 마감 시간인 오후 3시 이후의 다양한 정보가 다음 날 아침 8시

주식 호가창의 신 100법칙

호가에 응축되어 있다.

　기업의 실적 수치 등 시장에 제공하는 반향이 큰 뉴스는 대체로 장중에 주가가 크게 널뛰지 않도록 오후 3시가 지나서 발표된다.

　장이 끝난 뒤에 이루어지는 발표이므로 그 정보는 다음 날 아침 8시 호가에 비로소 반영된다.

　그래서 8시가 시작되자마자 보이는 **호가창은 흥미진진하다.**

　호가창을 잘 보자.

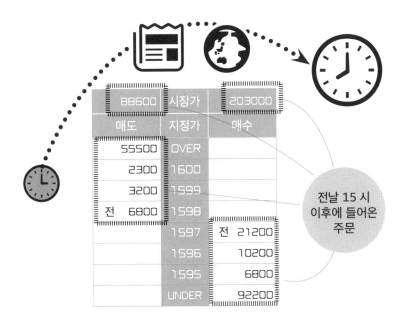

전날 15 시 이후에 들어온 주문

매도	88600 시장가 203000	매수
매도	지정가	매수
55500	OVER	
2300	1600	
3200	1599	
전　6800	1598	
	1597	전　21200
	1596	10200
	1595	6800
	UNDER	92200

개장 전의 변화로
대중의 생각을 읽어낸다

그렇지만 투자자의 '매수·매도'는 8시 전의 정보만으로 판단하는 것은 아니다.

출근 중인 지하철에서 정보를 확인하고 9시 업무가 시작되기 전에 주문을 해두는 직장인 투자자도 있고 거래가 시작된 후 주가의 움직임을 보면서 움직이는 투자자도 있다.

그런 면에서는 아침 시간의 호가창만 확인하면 된다고 지레짐작해서는 안 된다.

전날 마감 후에 일어난 다양한 움직임, 정보 등의 모든 것이 8시에 정확하게 호가에 반영되진 않기 때문이다.

다만 주식 주문은 '아침(8시)'에 집중되기 쉬우므로 9시 거래 전의 호가창에서 동향을 볼 수 있는 사람은 **호가창을 잘 들여다보며 거래**에 참조하자.

호가창의 호가는 당연히 8시가 지나서도 시시각각 변한다.

왜 변하는가 하면 아침 호가창에서의 매수와 매도 가격을 보면서 '사야할지 팔아야할지' 생각하는 투자자가 많기 때문이다.

전날 발표된 재무제표 수치가 생각보다 좋지 않다, 어닝서프라이즈가 아니라고 대중이 판단하면 호가창의 호가에 그 생각이 드러나므로 대중의 판단을 참고해서 주문하는 것이다.

또 '상한가 매수 호가'가 되면 앞다투어 매수세가 몰려든다.

그런 의미에서 **호가창의 호가는 그 자체로도 중요한 정보라고 생각할 수 있다.**

투자자는 화면에 나타난 호가창의 균형을 보면서 주문을 어떻게 할지 결정하는 경향이 있다.

다만 호가를 보고 의도적으로 매수나 매도에 '보여주기식' 주문을 내서 자신이 원하는 가격으로 거래하려는 움직임도 포함되어 있다.

이게 관해서는 나중에 또 이야기하겠다.

88600	시장가	203000
매도	시장가	매수
12500	OVER	
300	1600	
1200	1599	
전 1900	1598	
	1597	전 21200
	1596	10200
	1595	6800
	UNDER	92200

728600	시장가	412000
매도	지정가	매수
15500	OVER	
400	1622	
2000	1621	
전 3500	1620	
	1619	전 61200
	1618	50200
	1617	36800
	UNDER	122800

NY 주가와 전날 밤의
PTS가 호가창에 영향을 준다

개별 종목이 신제품 출시와 같은 그 종목만의 재료로 주가가 오르내리는 동향뿐 아니라 시장 전체가 어떻게 움직이는지도 살펴봐야 한다.

일본과 한국의 아침 시간에 장을 마감하는 **NY 다우존스평균, 나스닥, S&P500,** 미국 장기금리, 유가, 금 시세, 환율, 미국 정부 고위관리의 발표 등은 호가창, 즉 매도 주문 수량과 매수 주문 수량에 영향을 크게 미친다.

투자자들은 위의 지표를 참조해 어느 종목을 매수하고 어느 종목을 버릴지 판단한다.

그 결과가 '호가창의 호가'에 집약된다.

차트에는 아직 나타나지 않고 호가창에만 나타난 매매 희망 주문 수량과 가격을 보면서 '살지 팔지'를 판단한다.

또한 전날 17시부터 24시(자정) 전, PTS(장외시장)에서의 가격 변동도 영향을 준다.

PTS는 증권거래소를 거치지 않고 증권사를 창구로 야간거래 등을 하는, 말하자면 장외시장의 일종이다.

PTS에서는 전일 마감 후의 호재와 악재를 민감하게 반영하여 거래된 결과를 볼 수 있으므로, 특히, 변동 폭이 컸던 종목의 아침의 주가에 주목한다(이 경우 개인투자자의 거래가 대부분이긴 하다).

주식 호가창의 신 100법칙

물론 '재료에 반응하지 않는 경우'도 있다.

모처럼의 좋은 소식이 발표되었지만, 투자자와 시장이 다른 정보에 정신이 팔려 주문이나 호가에 반영되지 않는 경우다.

그것은 오히려 기회다.

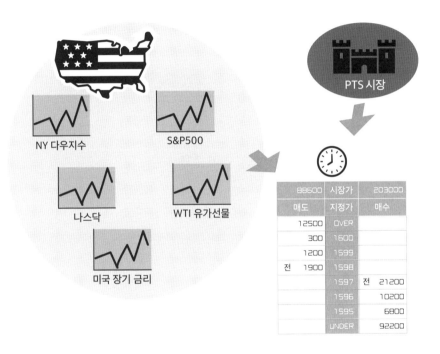

88600	시장가	203000
매도	지정가	매수
12500	OVER	
300	1600	
1200	1599	
전 1900	1598	
	1597	전 21200
	1596	10200
	1595	6800
	UNDER	92200

호가를 보고
주문이 들어온다

아침 일찍 정규 호가창을 보면 '종목의 강약을 예측할 수 있다'고 했지만, 그날 하루, 8시 시점의 주가가 그대로 가진 않는다.

우리가 볼 수 있는 것은 어디까지나 '지금의 힘'이다.

동시호가가 시작되는 오전 8시부터 호가창의 변화를 보면 알 수 있지만 매매 주문의 균형과 수량이 장중 줄곧 8시 시점의 기세(강하냐 약하냐)를 이어간다는 보장은 없다.

예를 들어 투자자, 특히 큰손은 사고 싶은 종목이 있으면 최대한 싸게 사기 위해 실제로는 팔 계획이 없는 수량의 매도 주문을 내기도 한다.

보통은 8시 호가창을 보고 난 후 그런 결정을 내린다.

개인투자자들이 그 '매도 신호'를 보고, '도망쳐야 한다'라고 생각해서 매도 주문을 내면, 적당히 주가가 내려온다. 그러면 큰손이나 세력의 생각대로 일이 돌아간다.

호가창에 표시되는 모든 주문이 자연발생적인 주문만은 아니다.

급격히 오르내리는 중소형주의 호가창을 들여다보면 대부분 '의도적' 매매가 섞여 있음을 알 수 있다.

갑자기 묘한 가격대에 주문이 들어왔다가 갑자기 사라지는 주문을 보면 주가를 조작하려는 세력의 움직임이 드러난다.

이 점을 명심하고 거래에 임해야 한다.

한 가지 말할 수 있는 것은 **호가창에서 어떤 부자연스러운 움직임**이 있더라도 대단한 호재가 있고 차트가 상승 추세 초입일 때는 오히려 호가가 약하면 '이거 다행이다'라고 판단해 매수하는 결단이 필요하다.

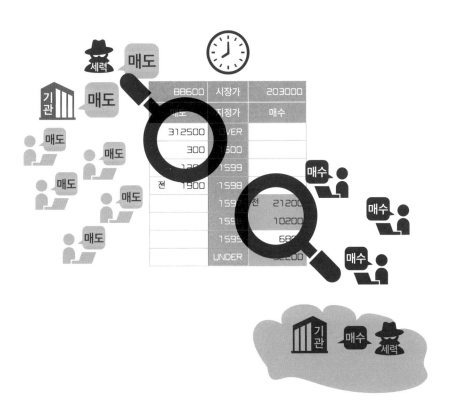

호가창에는 의도적인
주문도 들어 있다

8시에 시작된 호가창의 호가.

하지만 매수와 매도 동향이 장이 열리기 전까지, 그리고 장이 열린 후에도 동일하게 유지되진 않는다.

앞에서도 언급했듯이 호가는 의도적으로 조작되기도 한다.

심지어 전략적으로, 대량 주문으로.

이 점을 명심해야 한다.

특히 발행주식수가 적은 소형주는 더욱 주의해야 한다.

전날 놀라운 실적이 발표되면 일단 야간 PTS에서 주가가 반응하고 다음 날 아침 장전 주가에 반영되어 약간의 수량이 들어와도 상한가와 하한가를 오간다.

다만 장전에 상한가로 시작되었어도 '팔자 주문'이 나와서 9시 이후에는 주가가 급락할 가능성도 있음을 염두에 둬야 한다.

게다가 9시 이후의 거래에서 상한가가 되더라도 도중에 '상한가가 풀릴 수도' 있고 과감하게 매수에 성공했지만, 다음 날에는 하한가로 떨어질 수도 있다.

따라서 상한가를 치게 하는 재료에 관해 그 실적이 회사의 성장에 크게 기여하는지, 아니면 일시적인 자산 매각으로 실적을 올린 것인지 따져봐야 한다.

장전 주가에서 강한 시세를 기록해도 그런 '매수세'가 들어오면 수익을 실현할 기회를 기다리는 투자세력이 있다는 점도 인식하고 행동해야 한다.

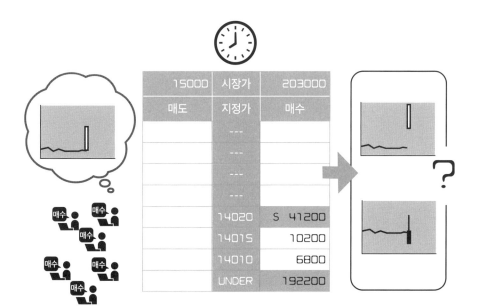

9시 전에
급변하는 호가창

거래소의 개장 시간은 아침 9시다.

아침 8시부터 보고 온 장전 주문.

사실 그 주문들이 모두 체결되는 것은 아니라는 점에 유의해야 한다.

가장 경계해야 할 것은 변동성이 심한 종목의 경우, **9시 전의 호가는 '보여주기식'이 많다**는 점이다.

그 종목에 관련된 세력은 가능한 한 유리하게 매매하고 싶어한다. 그 점을 잘 기억하고 자금을 투입해야 한다.

큰손이나 세력은 유리한 매매를 할 수 있다면 뭐든지 한다고 해도 과언이 아니다.

시장이란, 수익을 낸다는 것은 그런 것이다.

그래서 싸게 사고 싶을 때는 대량의 매도 주문을 내놓는다.

시장에 '매도 주문이 많구나', '팔아야겠다'는 인상을 주기 위해서다.

반대로 비싸게 팔고 싶을 때는 대량의 매수세를 보여줘서 '이건 오르겠구나'라는 강한 시세를 연출한다.

이것은 흔히 있는 일이다.

그래서 수많은 투자자를 끌어모으고 9시 거래 직전, 8시 59분 50초쯤에 '갑자기 사라진다'.

　　　　　　　　　　　　　　　　　　　　주식 호가창의 신 100법칙

일반인들은 이 재빠른 솜씨를 대부분 알아차리지 못한다.

장이 시작되기 전까지의 호가를 곧이곧대로 믿은 사람들은 '속아 넘어가서' '먹잇감이 되는' 것이다.

이처럼 주식시장에는 각양각색의 요괴, 도깨비와 같은 존재들이 구석에서 도사리고 있다.

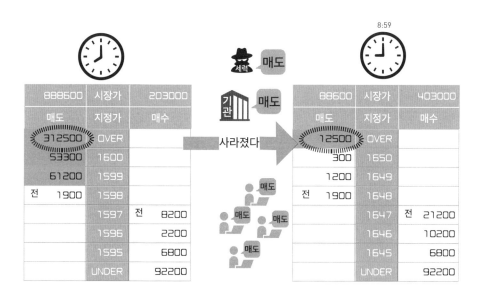

9시 이후 '정규 시간'의
호가창으로 읽는다

아침 8시부터 9시 개장 직전까지는 장이 열리기 전의 호가라고 한다.

9시에 장이 시작된 후부터 오전 11시 30분 직전 오전장이 마감하기 전까지의 정규 시간에는 매수와 매도가 **실시간으로 호가창에 반영**된다.

9시의 개장 직후는, 지금까지 이야기해 온 것과 같은 전일 장 마감 후부터의 여러 요소를 포함하여 거래되지만, 그때부터는 매수·매도 주문 방법, 시시각각 성립하는 주가의 방향을 보면서 강세와 약세의 관점이 대립하며 주가가 형성되고 호가창에 표시된다.

12시 반부터 15시까지의 오후 장도 마찬가지다.

중간에 12시 5분에서 12시 30분 직전까지는 '오후장의 호가'로 표시되지만, 이것은 오전장의 시초가 전에 표시되는 호가와 마찬가지로 오후장이 시작되기 전의 매매의 호가이며 당연히 오후장의 시세에도 직접적으로 영향을 준다.

오전장처럼 오후장에도 다양한 조작이 행해질 것은 오히려 당연하다고 생각하면 된다.

12시 30분부터 15시 정각까지의 거래 시간에는 주로 중국과 유럽, 그리

주식 호가창의 신 100법칙

고 오후에 발표되는 기업 실적과 정치·경제 뉴스의 영향을 받으면서 주가가 움직인다.

이것은 단순한 매수·매도가 통합됨에 따른 주가 변동이 아니라 뉴스 등의 재료를 포함한 주가 변동에서 종종 있는 일이다.

이에 어떻게 대처하면 좋을까? **호가장의 급격한 변동**이 있고 그런 재료가 있다면 분봉 차트는 보지 않더라도 초단기로 승부를 내는 것도 한 방법이다.

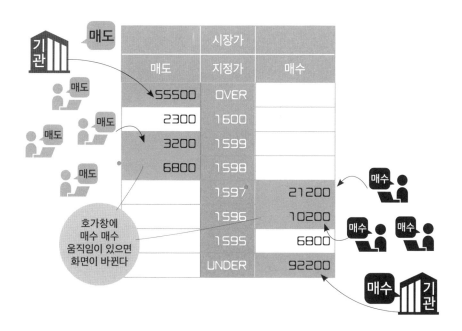

제**2**장

호가창이 움직이는 구조를 파악한다

● 기술에만 정신이 팔린 사람들은 모든 것에 실수한다.
  살바도르 달리, 화가

● 경험은 엄청난 돈에 필적하는 가치가 있다.
  다만 사람들 대부분은 그 경험을 배움에 사용하지 않는다.
  벤자민 프랭클린

호가창은 주가와 주문이
맞아야 체결된다

20

이 장에서는, 다시 한번 '호가창이 움직이는' 구조와 호가창에 표시되는 용어에 대해 살펴보겠다. 숫자는 잘 모른다고 손사래를 치는 사람도 따라갈 수 있도록 설명하겠다.

호가창에는 각 종목에 대해 들어간 매수 주문과 매도 주문의 수량이 실시간으로 표시된다.

주문을 해도 그 주문이 체결되는가(=**주가의 성립**)는 특정한 주가에서 **같은 양이 모이는 것**이 중요하다.

예를 들어 사과를 사고팔 때를 생각해보자. '100엔에 사고 싶은' 사람과 '100엔에 팔고 싶은' 사람, 쌍방이 있어야 매매가 성립한다.

즉 '사과 1개에 100엔에 사고 싶다'는 생각과 '사과 1개에 100엔에 팔고 싶다'는 생각이 맞아서 다행스럽게도 개당 100엔의 가격으로 매매가 성립한다.

그런데 '사과 500개를 개당 100엔에 사고 싶다'고 하면 '사과 100개를 개당 110엔에 팔고 싶다'는 사람과는 거래가 성립하지 않는다.

또 '100엔에 팔겠다'는 매도자가 있더라도 '무조건 90엔에 매수하겠다'는 매수자밖에 없다면 이 또한 거래가 성립되지 않는다.

당연한 일이다.

주식 호가창의 신 100법칙

'같은 가격', '같은 수량'. 이것이 주식시장에서 거래가 체결되는 조건이다. 조건이 맞지 않으면 맞을 때까지 기다려준다.

다른 사람이 적합한 주문을 내야만 비로소 거래가 체결되어 주가가 성립된다.

주가 1,000엔에 체결될지, 999엔에 체결될지는 다수의 시장 참여자의 주문으로 결정된다.

그것이 호가창이다.

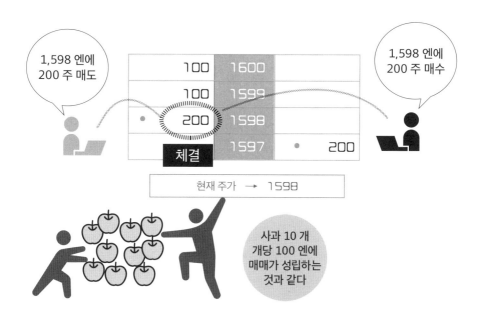

거래가 체결되면 다음은
두 번째 호가가 올라온다

주식매매는 앞에서 언급했듯이 가격이 비싼 매수 주문과 가격이 싼 매도 주문이 맞물리면서 수량과 주가가 맞았을 때 이루어진다.

그러면 다음으로 두 번째로 '싼 매도 주문과 비싼 매수 주문' 거래가 체결된다. 이런 식으로 연속하면서 호가창이 표시되고 주가와 주문 수량이 변동한다.

이것이 '호가창'의 움직임이며 **체결된 기록은 '시간별 체결가'로** 남는다.

주가가 갑자기 오르락내리락할 때는 지금 있는 주가 부근에서의 매매가 심해진다.

이처럼 주가는 항상 일정하지 않고 변동하면서 오르내린다. 호가창도 때로는 강하게 때로는 약하게 변한다.

마치 숨을 쉬듯이 변동성을 보인다.

이때 중요한 것은, 어느 시점에 매매할 것인가다.

거래를 잘 체결시키고 싶을 때는 주가의 오르내리는 폭을 잘 생각해서 최대한 유리하게 거래할 수 있도록 지정가로 주문하는 편이 현명하다.

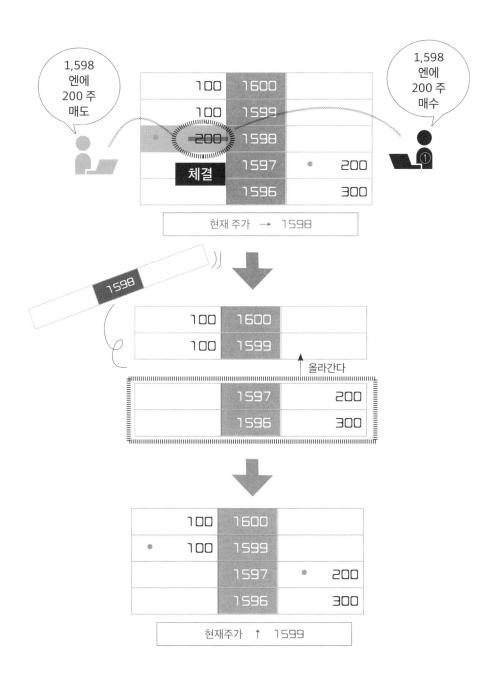

현재 주가와 동떨어진 가격에 주문하면 대기해야 한다

어느 종목이든 상관없으니 호가창을 살펴보자.

거래가 체결된 주가 부근에 많은 주문이 있을 뿐만 아니라 상당히 높은 가격에 매도세가 뭉쳐져 있거나, 반대로 거래가 체결되고 있는 주가보다 상당히 낮은 곳에 매수세가 표시되어 있을 때가 있다.

이것은 '최대한 비싸게 팔고 싶다', '최대한 싸게 사고 싶다'라고 생각하는 사람이 넣은 주문이 표시된 것이지만, 그 주문이 반드시 체결되는 것은 아니다.

따라서 눈여겨본 그 종목을 손에 넣고 싶다면, 현재 주가와 너무 동떨어진 가격에 일괄적으로 큰 매수 주문을 내지 말아야 한다.

수익을 잘 내는 투자자는 현재 주가 부근에 적은 수량, 그보다 좀더 유리한 가격에 좀더 늘린 수량, 이런 식으로 주문을 깔아놓는다.

주가는 하루 중 변동 폭이 꽤 크다.

'지금 사야겠다'는 강박관념이 아니라 '못 사면 본전이지' 정도로 여유롭게 생각하자.

하지만 매도할 때는, '도망가거나' 손절매'인 경우도 포함되므로 때로는 '시장가' 매도를 해야 한다. 같은 호가창이라도 매수와 매도는 전제조건과 마음가짐이 다르다는 것을 알아야 한다.

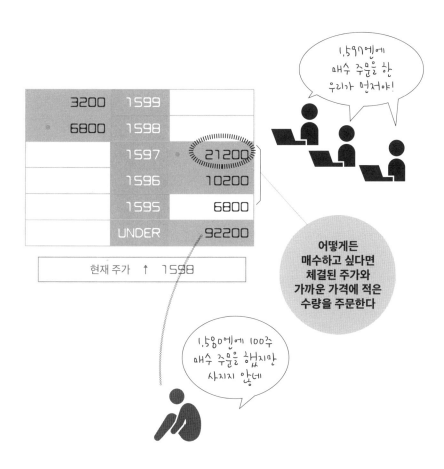

호가창이 멈춰 있을 때는
시장이 '특' 마크로 재촉한다

호가창을 보고 사고파는 와중에 정규 거래 시간인데도 갑자기 '컴퓨터가 얼어붙었나?'라는 느낌으로 호가창이 멈추는 순간이 있다.

종종 **'특'**이라는 마크가 호가창에 나왔을 때다.

이게 어떤 의미인지 모르면 실수를 할 수도 있으니 짚고 넘어가자.

'특'은 매수 주문과 매도 주문이 동떨어져 있어서 거래가 체결되지 않을 때 나오는 요주의 마크다.

'특'의 정확한 뜻은 **'특별 호가'**이며, 이 가격이면 성립한다는 주가에 표시되는 것이다.

예를 들어 가장 최근에 체결된 가격이 600엔이고 600엔에 1,500주의 매수 주문이 있고 매도 주문은 640엔일 때를 보자.

주가의 '갱신가격폭'*이 10엔이므로 610엔인 곳에 '특별 매수가'를 내고 '이 가격에 파실 분은 없나요'라고 거래소가 재촉한다.

이것이 '특별 매수세' 즉, '특' 마크이다.

그럼에도 거래가 성사되는 매도 주문이 나오지 않으면 3분 간격으로 620엔, 630엔, 640엔, 이런 식으로 '특' 마크가 이동한다.

주식 호가창의 신 100법칙

이런 상황에서 얼마에 거래가 체결되는지를 봐두고, 그 후의 주가를 확인한 뒤 주문 여부를 판단하도록 하자.

*갱신가격폭 = 직전에 붙은 약정가를 바탕으로 계산된 현재 약정 가능한 가격폭을 말한다. 가격대에 따라 폭이 다르며 500~700엔이면 10엔이 갱신가격폭이다.

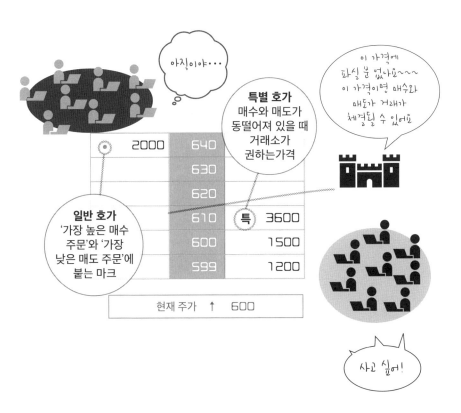

'시장가 주문'은 장이 열리기 전에만 표시된다

이 장의 초반에 설명했듯이 호가창은 '얼마에 사고 싶다', '얼마에 팔고 싶다'는 지정가 주문이 표시되는 곳이다.

'가격이 얼마이든 상관없으니 사고 싶다', '얼마든 좋으니까 팔고 싶다'는 **'시장가 주문'의 수량이 장중에는 표시되지 않는다는 점을 기억하자.**

하지만 개장 전에는 이야기가 다르다.

아침 8시부터 9시 직전, 낮 12시 5분부터 12시 30분 직전 등 매매가 시작되기 전 시간대에는 '동시호가창'이 뜬다.

이 **시점에서는 지정가 주문뿐만이 아니라, '시장가 주문'의 수량도 표시**된다.

그 시장가 수치가 예를 들어 매도 5,000주, 매수 4,500주라는 식으로 팽팽히 맞서고 있으면, 시세의 방향에 별 영향이 없고 순조롭게 거래가 체결된다.

반면 매수나 매도 중 한쪽으로 크게 쏠리는 경우이면 골치가 아프다.

9시 또는 12시 반이 되어 장이 다시 열리면, 이때부터 매도세와 매수세만 표시되는데 실제로 체결된 가격이 다소 오르락내리락할 때가 있다.

이는 해당 종목에 대한 생각이 '사고 싶다' 또는 '팔고 싶다' 중 한쪽으로 치우쳐 있다는 뜻이므로 개장 전에는 시장가 주문 수량도 주의해서 지켜볼 필요가 있다.

'얼마든 상관없다'는 시장가 주문은 최우선순위로 체결된다

장중에는 표시되지 않는다

시장가 주문이 한쪽으로 심하게 쏠리면 체결 가격이 동떨어진다

88600	시장가	203000
매도	지정가	매수
55500	OVER	
2300	1600	
3200	1599	
전 6800	1598	
	1597	전 21200
	1596	10200
	1595	6800
	UNDER	92200

	시장가	
매도	지정가	매수
46500	OVER	
1300	1610	
2200	1609	
4800	1608	
	1607	5200
	1606	3200
	1605	1800
	UNDER	12200

호가창의 주가는 쭉쭉
상승하기도 하락하기도 한다

주식 거래로 주가가 움직이는 종목은 매수 주문과 매도 주문의 수량과 주가에 따라 컴퓨터에 의한 '동시호가' 주문이 **순식간에 이루어지면서 체결**된 주가가 표시된다.

갑자기 매수세가 늘어나면 더 높은 주가가 아니면 살 수 없기 때문에 호가창의 움직임을 보고 있던 투자자들은 '매수 가능한 가격'으로 매수 주문을 낸다.

그 기세를 타고 주가는 점점 위 호가를 좇는 경향이 있다.

그러나 상승하기만 하는 주가와 호가창은 없으며 어느 정도 주가가 상승하면 수익을 챙기려는 매도 주문이 나오는 것이 보통이다.

그렇게 되면 나도 어서 팔아야겠다는 매도세가 쭉쭉 나온다.

개인투자자는 이 호가창의 오르내림 속에서 '어떻게 할 것인지' 판단해야 한다.

주가와 호가창에는 투자자의 의도와 거래 동향이 반영된다.

주가 상승을 예상하고 매수세가 들어와 위 호가를 좇을 때는 호가창의 주가가 점점 올라간다.

반대로 매도세가 많아지면 호가창은 아래쪽으로 움직인다.

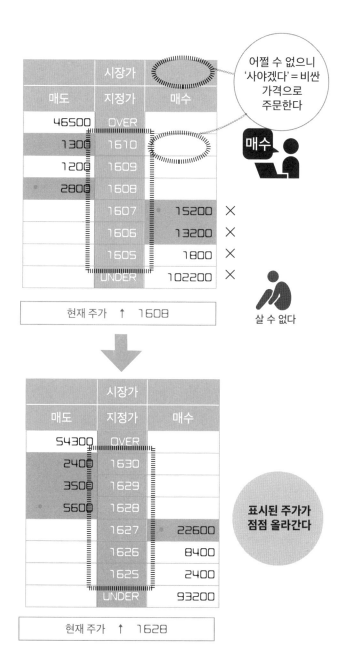

매도	시장가 지정가	매수
46500	OVER	
1300	1610	
1200	1609	
2800	1608	
	1607	15200 ✕
	1606	13200 ✕
	1605	1800 ✕
	UNDER	102200 ✕

어쩔 수 없으니 '사야겠다' = 비싼 가격으로 주문한다

매수

살 수 없다

현재 주가 ↑ 1608

매도	시장가 지정가	매수
54300	OVER	
2400	1630	
3500	1629	
5600	1628	
	1627	22600
	1626	8400
	1625	2400
	UNDER	93200

표시된 주가가 점점 올라간다

현재 주가 ↑ 1628

상한가와 하한가는
비례배분으로 체결된다

인기종목이나 소형주는 **매수세가 모이면 상한가, 매도세가 모이면 하한가를 쉽게 기록한다.**

모든 종목은 하루 중에 움직일 수 있는 가격제한폭이 정해져 있다.

이 제한폭을 넘어버리면 더이상 주가가 움직이지 않는다.

상한가인 호가창을 보면 **가장 높은 매수 주문이 몰린 곳에 'S'자 마크가 붙는다.**

텐버거를 노리는 개인투자자들은 상한가 종목을 정말 좋아한다.

호가가 쭉쭉 오르면 '너도나도' 사고 싶어진다.

상한가까지 주가가 오르면 '지금 사지 않으면 기회를 놓친다'는 군중심리가 작용해 매수세가 더욱 몰려든다.

상한가의 호가창을 보면 일반적으로는 '사야 한다'는 생각이 강해져서 매수 주문이 쏟아진다.

그와 동시에 '지금 팔면 손해다'라고 주가 추가 상승을 예측하며 마음이 바뀌어서 매도 주문을 거둬들이므로 점차 상한가 종목의 호가창은 '매수 일색'이 된다.

만약 상한가인 상황에서 아주 소량이라도 '매도 주문'이 나오면 그 경우에는 '동시호가' 방식이 아닌 **각 증권사에 주문 수량에 따라서 배분되는 방**

식으로 처리된다.[9]

　주문 수량이 할당된 증권사는 각 증권사의 규정에 따라서 투자자에게 배분하므로 그 점을 고려해서 주문하는 투자자도 많을 것이다.

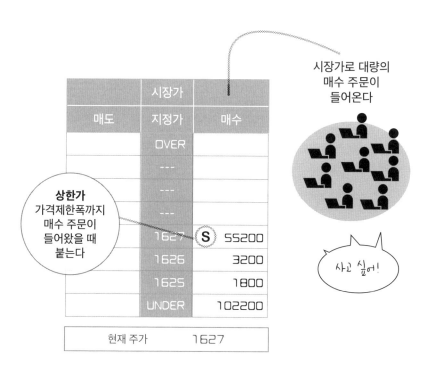

주문 수량이 적을 때
거래하는 것은 위험하다

'호가가 얇다'라는 말이 있다.

이것을 다르게 표현하면 '비인기 종목' 또는 '소외주'라고 한다.

물론 호가가 얇거나 인기가 없는 종목에도 어느 날 갑자기 강력한 재료가 발생할 수도 있다.

그럴 때는 순식간에 상한가를 기록하는데 그렇지 않은 '평소'의 이야기를 하자.

호가창을 보면 알 수 있지만, 이런 종목의 거래 수량은 100주가 대부분이다. 많아 봐야 200주, 300주에 그친다. 1,000주, 3,000주와 같은 주문은 호가가 얇은 종목에는 거의 찾아볼 수 없다.

그뿐 아니라 호가창의 상황을 보면 가격이 띄엄띄엄 있다.

예를 들어 300엔의 호가 다음에 310엔 그리고 290엔이 뒤를 잇는다.

원래는 1엔 단위로 호가가 이어져야 하는데(가격 단위는 주가에 따라서 다르다. 3,000엔 이하인 종목은 일반적으로 1엔 단위로 이어진다) 연속되지 않고 뚝뚝 끊어져 있다.

이런 종목을 거래할 때는 '지정가 주문'이 원칙이다.

얇은 호가에서 '시장가 매수'나 '시장가 매도'를 하면 자신이 낸 주문 때문에 주가가 크게 위아래로 흔들리기 때문이다.

가능하면 **호가가 얇은 비인기 종목에는 손을 대지 않는 것이 좋지만**, 그래도 거래를 하겠다면 시간이 걸려도 '지정가 주문'을 원칙으로 거래해야 한다.

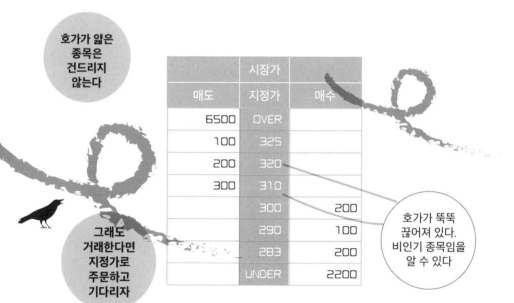

매도	시장가 지정가	매수
6500	OVER	
100	325	
200	320	
300	310	
	300	200
	290	100
	283	200
	UNDER	2200

호가가 얇은 종목은 건드리지 않는다

그래도 거래한다면 지정가로 주문하고 기다리자

호가가 뚝뚝 끊어져 있다. 비인기 종목임을 알 수 있다

제**3**장

호가창의 변화가 나타내는 것

- 정보가 많다고 쉽게 판단할 수 있는 것은 아니다.
  카를 폰 클라우제비츠, 프로이센 왕국의 군인이자 군사학자
- 매회 트레이딩의 결과에서 보이는 무작위성이 아니라 자신이 옳은 일을 하고 있는지에 초점을 맞춰라.
  리처드 데니스, 미국의 투자자

일반적으로 호가는
자유롭게 변한다

종목들 대부분은 일정한 주가를 유지하지 않는다.

사람들이 각자의 의도로 매수 주문을 내고 매도 가격을 생각한다.

본래 **시시각각 변화하는 것이 호가다.**

호가가 움직이지 않는다.

시간별 체결가도 멈춰 있다.

이런 종목은 소외되어서 아예 거래가 없거나 매수와 매도 호가의 괴리가 커서 거래가 체결되지 않는 것이다.

상한가와 하한가에 주문이 쏠려 있어 주문 수량이 일치하지 않기 때문에 주가가 움직이지 않기도 한다.

그러나 그 외의 종목은 항상 주가와 주문 수량이 계속 변한다.

어떤 요인으로 인기를 얻으면 순식간에 매수세가 증가하면서 주가가 상승한다.

반대로 부정적 뉴스나 관련 정보로 인해 매도 호가가 증가하면 주가가 하락한다. 말 그대로 **주가, 호가창은 생물이다.**

투자자들의 다양한 생각과 행동에 따라 주가는 위아래로 움직인다. 주문 수량의 동향도 변한다. 오늘은 이 종목, 내일은 저 종목.

이렇게 호가와 종목이 변한다. 강하게 상승한 종목은 다음 날이 되면 하락하면서 얌전해진다. 이것이 호가다.

얌전하던 호가창이…

매도	지정가	매수
1500	OVER	
100	1625	
200	1615	
300	1608	
	1600	200
	1590	100
	1580	100
	UNDER	1200

현재 주가	→	1600

NEWS 호재가 발표되면

매도	지정가	매수
16500	OVER	
1300	1610	
1200	1609	
2800	1608	
	1607	15200
	1606	13200
	1605	6800
	UNDER	102200

현재 주가	↑	1608

갑자기 바쁘게 움직이는 호가창은 흥미진진하다

매수 매수 매수 매수

매도 주문이 많으면 주가는 하락한다

호가창은 그 종목 자체뿐 아니라 전체 시장 환경에 따라 변화한다.

어떤 극적인 움직임, 사건, 부정적인 정보가 있으면 순식간에 시장 전체와 개별 종목에 매도세가 몰려들어 매도 호가가 두꺼워진다.

그것을 본 투자자들은 '팔아야 하나?', '대여주식을 매도해야겠어!'라고 경계한다. 매도가 매도를 부르고 낮은 호가에 물량이 몰리면서 시세가 하락한다.

이것이 호가창의 효과다.

호가창은 단순히 매매 상황을 표시하는 것이 아니라 **호가창을 본 투자자에게 심리적 영향을 미치므로 '매도가 매도를 부르고', '매수가 매수를 부르는' 효과**를 낸다.

주가 형성은 투자자의 기분에 따라, 시장 분위기에 따라 좌우되는 부분이 대단히 크다.

때로는 분위기가 지배하고 지배당하는 시세가 된다.

이점을 잘 알아둬야 한다.

 악재가 발표되었다

 호가창을 들여다보는 사람들

매도	지정가	매수
166500	OVER	
7300	1610	
11200	1609	
32800	1608	
	1607	4200
	1606	1200
	1605	800
	UNDER	9200

현재 주가	↓	1608

점점 내려간다

매도	지정가	매수
326500	OVER	
15500	1590	
24300	1589	
102500	1588	
	1587	2200
	1586	800
	1585	200
	UNDER	5600

현재 주가	↓	1587

매수 주문이 많으면
주가가 상승한다

앞에서 매도 주문에 관해 이야기했는데, 이것은 매수 주문에도 해당한다.

어느 종목에 인기가 몰리거나 테마 종목군으로 분류되어 주목을 받으면 매도 주문보다 매수 주문이 늘어나면서 '**매수 호가**'가 두꺼워진다.

당연히 **주가가 오른다.**

그 호가창을 보면서 매수 주문을 내는 투자자가 늘어나므로 호가창은 '**매수세 우위**'가 된다.

이것이 주가가 상승할 때의, 즉 기세가 좋을 때의 호가창이다.

물론 예전에 물렸던 투자자들이 내는 매도 물량이 나오거나 고점이라고 생각한 투자자들의 매도 주문이 나오기도 하지만, 그래도 시세가 강하면 매수가 압도적으로 이기기 때문에 주가는 거침없이 오른다.

팔아도 팔아도 매수가 붙어서 매도세를 먹어치운다.

장렬한, 매수세가 몰리는 호가창이다.

매수 주문 중에는 주가 상승을 확신하고 과감히 지르는 매수도 있지만, 신용으로 공매도를 했던 세력의 '**울며겨자먹기식 매수**'도 있다.

특히 신용매매가 팽팽한 호가, 즉 신용거래에서의 매수 물량과 매도 물

량이 비슷한 종목에서는 과감한 매수와 매수하지 않으면 손실이 점점 커져
서 매수하는 물량이 합쳐져 무서운 기세로 상승한다.

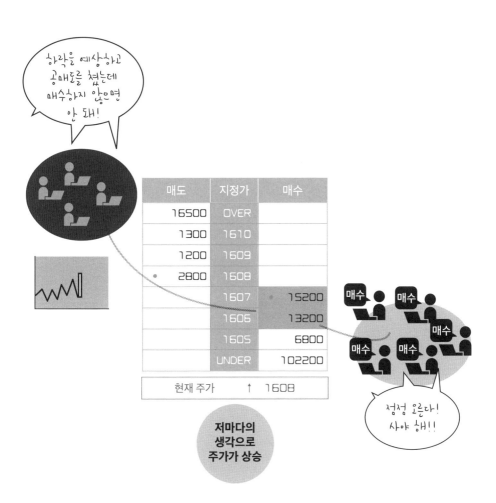

큰 물량이 충돌해
방향을 정한다

거래량이 급증한 종목의 호가창을 보면 큰손들의 주문이 부딪친다.

여기에 소액 개인투자자의 매매도 가세해 눈이 돌아갈 정도로 빠르게 변하는 호가를 볼 수 있다.

시간별 시세를 보면 1초에 몇 번씩 주가가 변동하고 큰 물량과 작은 물량이 뒤섞여 추세를 형성한다.

'목숨을 건 필사적인 매수와 매도 주문'이 충돌한다.

한 방향으로 향하는 호가창은 매수세가 많거나(오른쪽 아랫부분이 빠르게 변하며 주문 수량이 많다) 매도세가 많은(왼쪽 윗부분이 빠르게 변하고 주문 수량이 많다) 쪽으로 쏠리지만, **양쪽이 팽팽하게 맞서는 호가창은 대량의 주문 수량이 서로 충돌하고 위아래로 심하게 흔들리면서 호가가 변화한다.**

그야말로 강렬한 대결의 장이다.

그 양상을 보면 종목들의 방향을 피부로 느낄 수 있다.

호가창의 변화는 매도와 매수 중 어느 쪽이 이기는지를 보지 않으면 판단할 수 없다.

"이건 분명히 상승이다."

이렇게 정해진 순간을 판별함으로써, **민첩한 투자자는 수익을 확보할 수** 있다. 호가창을 보지 않거나 읽을 수 없는 투자자는 큰 기회를 얻기가 불가능하다.

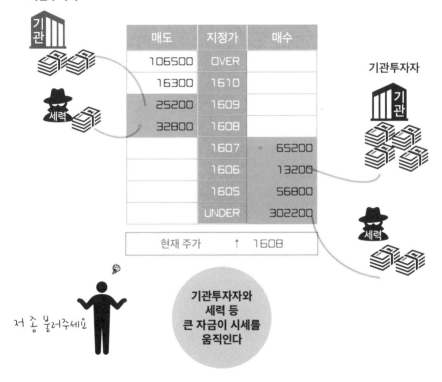

매도	지정가	매수
106500	OVER	
16300	1610	
25200	1609	
32800	1608	
	1607	65200
	1606	13200
	1605	56800
	UNDER	302200

현재 주가	↑ 1608

기관투자자

기관투자자

기관투자자와 세력 등 큰 자금이 시세를 움직인다

저 좀 불러주세요

매수 매도의 차이가 크면
거래가 중단된다

호가창의 호가가 심하게 움직인다면 매수 주문과 매도 주문의 수량이 매우 많은 인기 종목이라는 뜻이다.

어떤 재료나 뉴스가 나오고 급격하게 매매 주문이 나오면 '매수세'와 '매도세'의 둘 중 하나로 주문 수량이 쏠리는 경향이 있다.

아침 일찍 이렇게 한쪽으로 쏠린 주문이 나오면 어느 주가에서 매수와 매도가 일치할 때까지 거래가 체결되지 않는다.

체결되지 못한 시세는 호가창에 **'특별 매수세'의 '특'**자가 붙어 '체결하기 쉬운 주문의 주가'라며 투자자들에게 그 가격에 주문하도록 유도한다.

'특'이 붙어 있는 동안에는 주문이 체결되지 않기 때문에 그 시점의 주가는 현실적이지 않고 투자자는 **'시장가' 주문을 내거나 체결되기 쉬운 주가로 주문을 수정**하게 된다.

다만 주가가 움직이기 시작했을 때는 뉴스에 반응해 편향된 주문이 몰리지만 그 물량이 소진되면 높게 출발한 주가에는 매도 주문이 늘어나 주가가 떨어지고, 반대로 낮게 출발했을 때는 '저렴하다'는 느낌으로 매수세가 늘어나 주가를 되돌릴 가능성이 있다.

이처럼 호가창에 주가가 표시되고 그 호가창을 본 투자자들이 다양한 관점에서 거래를 시도하기 때문에 주가는 오르락내리락하면서 일정한 시

주식 호가창의 신 100법칙

세로 수렴한다.

아무도 미래를 완전히 예측할 수 없다.

그러나 호가창에서 밀고 당기기를 하면서 생긴 따끈따끈한 주가야말로 현실이자 사실이므로 이를 받아들여야 한다.

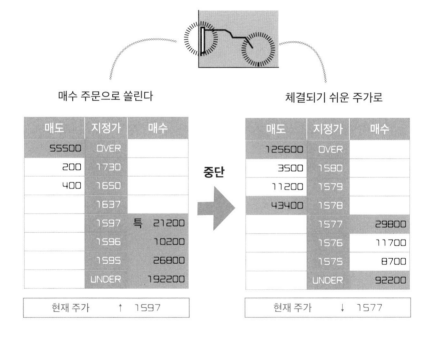

매수 주문으로 쏠린다　　　　　　　체결되기 쉬운 주가로

매도	지정가	매수
55500	OVER	
200	1730	
400	1650	
	1637	
	1597	특 21200
	1596	10200
	1595	26800
	UNDER	192200

현재 주가　↑　1597

중단

매도	지정가	매수
125600	OVER	
3500	1580	
11200	1579	
43400	1578	
	1577	29800
	1576	11700
	1575	8700
	UNDER	92200

현재 주가　↓　1577

경이로운 차이는 '상한가' 또는 '하한가'로 표시된다

33

개인투자자들은 상한가를 좋아한다.

언론에 큰 재료가 나와서 매수세가 몰리면 주가가 상한선까지 뛰어오르지만, 그제야 '나도 사야겠다'며, 개인투자자들이 매수에 뛰어드는 것은 **위험하기 짝이 없는 행동**이다.

그 뒤에도 며칠째 상한가가 이어질 만한 중요한 재료나 뉴스가 있으면 어느 정도 시세차익을 얻을 수도 있지만 한 차례 상한가를 기록하고 끝나는 일시적인 불꽃이 될 가능성이 크다.

이처럼 대중이 부화뇌동해서 만든 주가 변동과 인기를 뒤따라가다 상을 친 뒤에도 그 종목을 더 비싼 가격으로 사주려는 사람은 거의 없다고 봐야 한다.

'모처럼 상한가로 매수했는데'라고 한탄해도 소용없다.

내 저서《주식의 신 100법칙》에서도 언급했지만, 어떤 재료가 보도되기 전에 그 소식을 먼저 입수하는 소식통이나 기관이 주식을 매집해 놓았다가 상한가를 기록하면 매도하고 달아나는 경우가 많다.

따라서 **상한가인데 그 뒤에도 오를 것이라는 근거 없는 확신을 갖지 않는 것이 현명**하다.

반면 부정적인 재료와 소식이 전해지면 투자자들이 허둥지둥 매도 물량을 쏟아내면서 '하한가'를 기록한다.

이처럼 특히 소형 종목의 호가창은 한쪽으로 치우치는 경향이 있으므로 조심해야 한다.

개인투자자 중에서는 급격한 주가 변동을 선호하고 '텐버거'를 잡고 싶은 바람에 자신의 종목이 '상한가'를 기록하기를 바라는 경향이 있는데, 이를 뒤집어보면 '하한가'를 기록할 수도 있음을 알아야 한다.

불나방처럼 **호가창에 모이는 '매수의 절정'에 나도 사지 않으면 수익을 놓칠 것**이라는 불안감에 휩싸여서 주문하는 것은 매우 위험한 행동이다.

매수할지 보류할지는 상한가가 된 뉴스나 재료의 유통기한을 확실히 판단한 다음에 임하도록 하자.

일방적인 상황

매도	지정가	매수
55500	OVER	

	1597	S 21200
	1596	10200
	1595	26800
	UNDER	192200

현재 주가	↑ 1598

천정에 붙어 있다

일시적 불꽃으로 끝나지 않을지 뉴스의 유통기한을 확인할 것

상한가는
급락을 부른다

주가가 급등하는 것을 보거나 알게 되면 투자자들은 '사야한다'는 위기감에 좇기면서 쉽게 유혹에 휘말린다.

그것이 주식투자의 현실이다.

예를 들어 처음에는 뉴스 등으로 주가가 강세를 띠면서 매수세가 들어와 쭉쭉 오른다.

하지만 그때는 어느 정도 매도 물량도 나오기 때문에 주가가 오르락내리락한다.

그러다가 어떤 계기로 기세가 붙으면 엄청난 물량의 매도 주문이 들어오면서 상한가를 기록한다.

그 뒤가 인간의 심리를 잘 나타낸다.

상한가가 된 종목을 보는 순간 '나도 사야한다'는 심리가 작용하여 매도 주문은 사라지고 매수 주문이 급증한다.

이것은 급등, 상한가 종목에 몰려드는, 이성을 잃고 **부화뇌동하는 심리에 따른 매수**다.

호가창의 가격변화를 잘 살펴보면 100주, 200주 단위의 개인투자자들이 내는 매수 주문이 모여서 눈덩이처럼 한 방향으로 굴러가는 양상을 볼 수 있다.

말하자면 합리적인 근거 없이 분위기에 휩쓸린 군중심리가 만들어낸 기세다. 이렇게 **호가창의 유혹에 넘어간 매수 주문은 일단 주가가 떨어지면 허둥지둥 쏟아내는 매도 주문으로 둔갑한다.**

호가창의 분위기를 보고 몰려든 매수세는 다음 순간에는 호가창에 놀라서 달아나는 매도세로 이어지는 것이다.

투자에는 근거 있는 예측, 작전, 전략이 필요하지만, 분위기에 휩쓸린 거래는 성공할 확률이 대단히 낮다. 심리로 매매하면 공포에 지배당하기 때문이다.

호가창을 조종하는 세력이나 큰손의 작전에 그대로 그대로 빠지지 않도록 조심해야 한다.

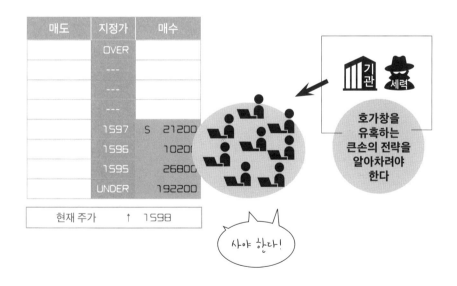

미국 경제를
반영한다

주식 거래 화면을 보면 다양한 움직임이 눈앞에 펼쳐진다.

화면의 뒤에서, 주변에서, 세계에서 갖가지 움직임이 있으며 그 **뉴스와 재료를 주가가 반영**한다.

당연히 호가창은 매일, 매시각 언제나 다르게 변한다.

자신의 눈앞에 펼쳐지는 움직임만이 유일한 현실이다.

호가창에 가장 영향을 주는 것은 NY 다우평균 지수와 나스닥 지수다.

세계 제일인 경제대국이자 자유주의 강국의 선봉장이며, 안보의 핵우산 아래 있는 우리 시장에 있어서는 미국의 **뉴욕 시장은 절대적**이고 우리 경제 체제가 굳건하기 위한 전제조건이다.

"미국이 감기에 걸리면 우리는 폐렴에 걸린다."

이런 말이 있듯이, 도쿄 증시는 미국 경제와 시장 동향을 중심으로 한 다양한 경제 데이터를 바탕으로 시세가 형성되면서 개별 종목의 호가창에 반영된다.

여기에서 접할 수 있는 미국 경제 뉴스는 연방공개시장위원회(FOMC), 고용통계, 실업률, 물가지수, 유가, 금리 등이다.

이 움직임으로 다우존스 평균 주가가 움직이고 나스닥과 S&P500 주가가 움직인다.

그것이 도쿄 증시에 직접적으로 영향을 미치고 나아가 개별 종목의 움직임에 반영한다.

이점을 전제하고 주가 동향을 예측해야 한다.

주가는 호가창 그 자체다.

호가창은 세계 경제의 다양한 요소를 반영한다.

이 방정식을 확실히 알아둔다면 주가의 방향성을 매우 정확하게 예측해 거래 전략을 세울 수 있다.

전략이 없는 곳에는 주식 거래의 승리도 없다.

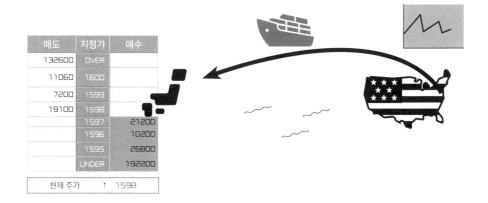

매도	지정가	매수
132600	OVER	
11060	1600	
7200	1599	
19100	1598	
	1597	21200
	1596	10200
	1595	26800
	UNDER	192200

현재 주가	↑	1598

도쿄의 현물 주식은
'선물 시세'에 크게 영향을 받는다

도쿄 증시의 시시각각 움직이는 주가에서 잘 볼 필요가 있는 것이 '선물'이다.

거래에는 **현물거래와 선물거래**가 있다.

이것은 일본과 미국이 모두 같다.

선물은 적은 자금으로도 움직일 수 있으므로 닛케이경제를 움직이기 위해 선물이 이용된다.

닛케이 선물과 다우 선물.

이 두 가지에 시장의 눈이 모인다.

그 점을 염두에 두고 해외 투자자들은 쉽게 움직일 수 있는 **선물거래를 이용해 닛케이 평균을 조종한다.**

직접적으로 시장의 주요 종목의 주가를 변하게 할 수 있기 때문에 선물을 움직여서 개별 종목의 동향을 조작하는 것이다.

거래 시간 중 가장 주목해야 할 것은 '다우 선물'이다.

닛케이 평균주가, 토픽스(TOPIX), 마더스, 자스닥의 움직임이 급변할 때를 보면 그보다 빨리 다우 선물이 급락하거나 급등한 경우가 많다.

이것은 간과하면 안 되는 일이다.

주식 호가창의 신 100법칙

나아가 NY 시장에서 닛케이의 CME 선물 움직임도 눈여겨봐야 한다.

매일 아침, 도쿄 시장의 주가는 대개 야간의 닛케이 선물에 연동해서 반응을 한다.

물론 개장 이후에는 도쿄거래소와 일본의 독자적인 경제 환경과 뉴스가 반영되지만, **아침의 시초가는 선물에 영향을 받기 쉽다.**

이렇게 보면 선물은 현물시장의 거울이라고 해도 과언이 아니다.

SQ 청산일에는
호가창이 이상해진다

SQ(특별청산 지수)* 청산일에는 기관투자자들이 청산을 하고 배당금을 지급하기 위한 매수세가 있기 때문에 다른 날과는 호가창의 양태가 상당히 다르다. 청산되는 것은 주가지수 선물거래와 주가지수 옵션거래다.

주가 움직임과 관련된 것은 일반적인 거래 외에도 지수에 기초한 거래가 있다. 매월 둘째주 금요일에는 SQ 산출을 위해 매수·매도의 반대매매가 이루어진다.

'오늘은 메이저 SQ니까 조심하라'는 말을 듣는 것은 그날 결제 건수가 늘어나 평소와는 자릿수가 다를 정도로 거래가 많아지기 때문이다.

예를 들어 아침 일찍 SQ 청산과 관련하여 매도세가 쏟아지면 별다른 이유도 없이 '하한가'를 기록하는 경우가 종종 있다.

이 사실을 모르고 어떻게 된 건지 몰라서 놀라면 거래하는 데 차질이 생길 것이다.

이런 일이 발생하지 않도록 하려면 '오늘은 SQ 청산일'임을 알아두고 무슨 일이 생길지 생각해두는 것이 중요하다.

*SQ(특별청산지수)란 'Special Quotation'의 약자로 닛케이225선물, TOPIX 선물 등의 주가지수선물거래 또는 주가지수옵션거래를 최종 결제기일에서 결제하기 위한 청산가격(지수)을 말한다. 각 월의 거래 마지막 날 다음 날인 '각 월의 둘째주 금요일'이 선물 및 옵션 청산값(손익확정)를 결정하는 SQ 산출일이다. 메이저 SQ는 4분기에 한 번(3월, 6월, 9월, 12월) 이루어지며 그 외의 달 옵션거래 SQ는 미니SQ라고 불린다.

주식 호가창의 신 100법칙

[닛케이평균]

가부탄 https://kabutan.jp

[11/12 닛케이 평균 기여도 상위 종목]

9984	소프트뱅크그룹	6,878	3.04%	42.93%
8035	도쿄일렉트론	57,290	1.36%	27.14%
6098	리쿠르트 홀딩스	7,942	1.78%	14.70%
4704	트렌드마이크로	6,870	5.37%	12.34%
2413	엠쓰리	6,463	2.28%	12.18%
6857	어드반테스트	10,150	1.50%	10.57%
4021	닛산화학공업	6,790	4.46%	10.22%
4063	신에츠화학공업	20,195	1.38%	9.69%
9433	KDDI	3,429	1.09%	7.82%
6954	화낙	23,235	0.96%	7.75%

제**4**장

'시간별 체결가'를 읽는다

- 우리의 판단은 손목시계와 비슷하다.
  각각의 시계가 다른 시각을 가리키지만 각자 자신의 시계가 가리키는 시각을 믿는다.
  알렉산더 포프, 영국 시인

- 사람에게는 일생 중 두 번이나 세 번의 기회가 있다. 그것을 살리는가 죽이는가 결단
  하기 위해 일상의 노력과 정진, 그리고 성실함이라는 이론과 실천을 통해 매일 사고
  훈련을 거듭하는 것이 성공할 확률을 높인다.
  고레카와 긴조, 일본의 주식투자자

실시간 주가 변동은
'시간별 체결가'로 확인한다

'호가 화면의 정보'의 심장부는 '시간별 체결가'다.

시간별 체결가는 거래가 체결될 때마다 주가와 수량이 실시간으로 표시된다.

여러분의 컴퓨터나 휴대전화 단말기뿐 아니라 전 세계 어디에 있어도 도쿄 시장의 주가 변동을 알 수 있다.

이것을 보면서 도쿄에서, 중국에서, 한국에서, 인도에서, 영국, 프랑스, 독일에서 주문을 낼 수 있다.

그 이면에는 여러 가지 의도가 충돌한다. 재료와 뉴스가 주가를 견인하는 가운데, **매수와 매도의 충돌 속에서 차례차례 체결되는** 거래 양상이 주식 가격의 향방을 결정하는 요소가 되기도 한다.

주가는 강세와 약세 속에서 조금이라도 더 강한 쪽으로 움직인다.

체결가가 주가의 등락을 좌우한다고 해도 과언이 아니다.

[**어느 날의 [ZHD (4689)]의 시간별 체결가**]

시간	체결가	체결량
11:01	805.1	200
11:01	805.2	1000
11:01	805.1	400
11:01	805.1	100
11:01	805.2	600
11:01	805.1	600
11:01	805.0	1300
11:01	805.0	500

주식 호가창의 신 100법칙

주로 데이트레이딩을 하는 투자자들에게 체결가는 절대 놓쳐서는 안 되는 중요한 자료다.

데이터의 변화와 양상을 눈을 부릅뜨고 좇으면서 시세의 방향을 예측해 정확하게 거래해야 한다.

그런 거래를 할 때 반드시 필요한 자료가 바로 시간별 체결가다.

실시간으로 변화하는 주가.

위로 갔다가 아래로 가길 반복한다.

한순간도 놓칠 수 없는 움직임이 호가 화면이며 그중에서도 '시간별 체결가'다.

주문이 체결되는 모습을 실시간으로 보여주는 체결가는 **활발하게 거래되는 종목에서는 어지러울 정도로 쉴새 없이 경신**된다.

이 화면을 잘 보면 주가의 변동과 방향을 감지할 수 있다.

거래가 체결되는 방식을 보고 있노라면 '이 종목이 강한지 약한지' 알 수 있다.

거래가 체결될 때마다
표시되는 체결가

'호가창'에서는 매수 주문과 매도 주문을 표시함으로써 주가 변동을 나타낸다. 그것은 주가가 위아래로 움직이고 있는 것을 알 수 있지만, 어떤 식으로 체결되고 있는지까지는 나타나지 않는다.

그것을 좀더 명쾌하게 알 수 있는 것이 **'시간별 체결가'**라는 데이터다.

체결가로 무엇을 알 수 있을까? 거래가 체결되는 **속도**와 **체결 수량**, 호가창에 나오는 매수 매도 주문의 **균형**, 그리고 주문의 **이동**이다.

말 그대로 한순간도 멈추지 않은 주가의 움직임과 호가의 강도.

체결가를 보는 것의 가장 큰 이점은 **'주가의 방향성'**을 읽을 수 있다는 것이다.

주가가 위아래로 움직이는 방향성은 주로 1분봉, 3분봉, 5분봉 차트를 보면 실시간으로 알 수 있다. 그렇지만 더 상세한 주가의 움직임은 호가에 나타난다.

주가가 떨어질 때는 매도 주문이 많으므로 매수하고 또 매수해도 매도 물량이 튀어나온다.

이런 호가에서는 무턱대고 매수 주문을 넣으면 주문이 체결된 순간, '손실'이 나온다.

눌림목에서 사는 전략을 갖고 있다면 낮은 주가에서 보합세를 보이는지, 그리고 반등 양상을 확인하고 난 뒤에 주문하는 것이 좋다.

반대로 주가가 위로 상승할 때의 '매도 시점을 기다리는' 전략이라면 '고점' 신호를 호가에서 잘 읽어야 한다.

매수세가 진정되고 반대로 매도세가 많아져 주가가 떨어지기 시작한 시점에 이익을 실현하는 것이 중요하다.

[어느 날의 [6522 아스타리스크]의 시간별 체결가]

가부탄 https://kabutan.jp

시간	체결가	체결량
14:06	18080	100
14:06	18080	100
14:06	18110	100
14:06	18060	200
14:06	18050	100
14:06	18030	200
14:06	18000	100
14:06	18000	100
14:06	17990	100
14:06	17980	100
14:06	17970	100
14:06	17970	100

체결 주가와 수량으로
느낄 수 있는 점

호가창에서 알 수 있는 것은 매도 주문과 매수 주문의 균형이다.

이 수치는 주가의 위치에 따라 **시시각각 변화하면 오르내린다.**

대량의 매수세가 나타났을 때에 주가가 상승하는 강한 호가창이다.

대량의 매수 주문이 들어간 호가창을 본 투자자들은 '이건 오른다'라고 생각하므로 '지금 팔 때가 아니다'라고 판단한다.

또 신용 공매도를 하는 사람은 '지금 당장 매수하지 않으면 손실이 커질 것'이라고 판단해 결제를 위한 매수 주문을 낸다.

결과적으로 주가는 점점 위로 간다.

이렇게 위로 올라가는 주가 성립 양상이 체결가에 나타난다.

반대로 매도 주문이 많아졌을 때는 아무리 매수해도 새로운 매도 물량이 쏟아진다.

그 결과 주가는 조금씩 떨어진다.

이를 본 투자자들은 '지금 팔지 않으면 이익이 줄어들겠구나' '손실이 점점 커지겠군'이라고 생각하며 황급히 매도 주문을 낸다.

주가가 아래로 밀렸을 때 호가창의 양상이다.

시간별 체결가 창에는 거래 결과가 표시되므로 그 상황은 자신의 거래 전략의 판단 재료가 된다.

주식 호가창의 신 100법칙

시간	체결가	체결량
14:59	3210	600
14:59	3215	5400
14:59	3220	100
14:59	3215	400
14:59	3215	1100
14:59	3215	100
14:59	3215	300
14:59	3220	100
14:59	3220	100
14:59	3225	800
14:59	3225	200
14:59	3230	800

하락한 가격으로 체결되었을 때와 상승했을 때 색깔과 표시가 바뀌므로 기세를 판단할 수 있다

100주 단위만 있는
호가창

시간별 체결가를 볼 때는 거래가 체결될 때의 주식 수량을 잘 살펴보자.

별로 인기가 없거나 **소형주여서 원래 거래 수량이 적은 경우**, 호가에 나오는 매매 주문이 100주나 200주, 많아 봐야 400주인 것이 많다.

그런 종목을 거래하려는 투자자는 원래부터 거의 없으므로 거래 참여자 대부분은 '지정가' 주문을 하게 된다.

그러면 매도와 매수 주문 수량이 합치하여 신속하게 거래가 체결되지 않고 대형주나 소형주 중에서도 인기 종목은 1분에 수십 번 주문이 체결되는데, 이 종목은 1분에 한 번, 3분에 한 번꼴로 겨우 주문이 체결된다.

이런 종목은 주문을 내도 '신속하게 팔리지 않고', '살 수도 없다.'

어쩌다가 시장가로 매매 주문을 하면은 바로 그 **주문이 주가를 크게 변동시킨다.**

소외주이거나 사람들의 주목을 받기 전에 미리 거래하려는 종목의 경우에는 반드시 지정가 주문을 해야 한다.

1초에도 여러 번 매매가 성립하는 종목은 주문 수량이 많기 때문에 시장가로 주문해도 주가가 크게 변하지 않는다.

하지만 그렇지 않은 소외주는 호가창이나 시간별 체결가를 잘 살피면서 거래 시점을 재야 한다.

시간	체결가	체결량
11:30	1407	300
11:29	1412	100
11:29	1412	100
11:19	1410	100
11:19	1412	100
11:15	1411	100
11:14	1409	100
11:09	1410	100

매도	지정가	매수
3200	OVER	
200	1412	
100	1410	
200	1407	
	1405	100
	1402	200
	1400	100
	UNDER	3300

호가창에서는
보이지 않는
주문의 규모를
체결가에서
알 수 있다

| 현재 주가 | ↓ | 1407 |

때때로 큰손이 들어오는
종목의 특징은?

완전히 소외된 종목은 아니라서 그냥저냥 거래가 있는 종목이다. 그런데 어느 날 갑자기 호가창이 눈이 돌아갈 정도로 빠르게 움직일 때는 시간별 체결가를 살펴보자.

어느 정도의 매매가 체결되고 있느냐에 따라서 큰손이 들어왔는지 아닌지 알 수 있기 때문이다.

주로 소액 거래를 하는 개인투자자들의 거래만으로는 주가가 크게 움직이지 않는다.

대규모 거래가 들어와야 주가가 크게 출렁인다.

밑작업을 하고 주가를 크게 움직여서 눈에 띄게 한 다음, 참여자를 늘려서 적당한 이익을 얻은 뒤에 수익을 실현하기 위해 매도하는 것이 큰손들의 생각이기 때문이다.

호가창에서 갑자기 거래량이 확 늘었을 때는 시간대별 체결가를 확인하면서 참여하자.

체결가를 통해 시세 현황과 투자자들의 움직임을 느낄 수 있는 사람이 유리하게 전략을 짜고 유리하게 이익을 낼 수 있는 입지를 확보할 수 있다.

주식 호가창의 신 100법칙

[어느 날의 [3996 사인포스트]의 5분봉과 호가창]

가부탄 https://kabutan.jp

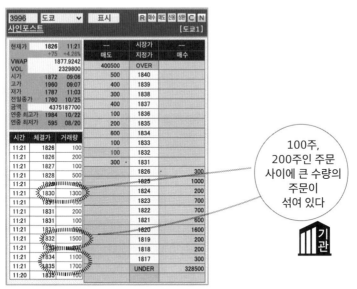

au카부코무증권 https://kabu.com

큰손이 빈번하게 들어오면
인기 종목이 된다

누가 봐도 큰 시세를 내는 종목에는 무수히 많은 투자자의 큰손이 시장에 참여한다.

그 결과 거래대금 순위에서 상위 10위권 안에 든다.

그렇다면 **이것은 '인기 종목'**이다.

인기 종목에는 개인과 법인, 세력 등 다양한 참여자가 몰리는 데다 컴퓨터 알고리즘이 섞여 극도로 치열한 매수와 매도가 이루어진다.

이 상황은 누구나 일일 거래 자료로 볼 수 있으므로 더욱 주목받고 참여자를 끌어모으게 된다.

이런 종목들이 거래대금 상위 종목이자 트렌드 종목으로 발전한다.

그 종목에서의 거래는 시간별 체결가를 파악하고 기회를 엿보면서 도전하는 것이 중요하다.

이런 종류의 신기 종목의 호가창을 보면 수익을 실현하려는 매도 물량도 많이 나오지만, 그 두 배로 매수 주문이 나온다.

주가가 우상향하는 종목의 특징적인 화면이다.

큰손들의 매매가 매도 주문에 많은지 매수 주문에 많은지는 화면을 보면 누구나 알 수 있다.

"체결가? 그게 뭐야.", "처음 들어보는데."

주식 호가창의 신 100법칙

이런 사람은 감에 의존해 거래하는 경우가 많으며 대체로 거래 성적도 좋지 않다.

주식 거래의 **진정한 현장을 확인하지 않기 때문**이다.

겸업 투자자라 해도 일과 중 잠시라도 체결가를 확인하는 시간을 갖자. 승부에 이기기 위해서다.

[어느 날의 [9984 소프트뱅크그룹]의 체결가]

시간	체결가	체결량
15:00	6554.0	1028700
14:59	6548.0	14200
14:59	6555.0	800
14:59	6554.0	1200
14:59	6553.0	400
14:59	6552.0	100
14:59	6552.0	600
14:59	6552.0	100
14:59	6548.0	3400
14:59	6549.0	400
14:59	6549.0	1000
14:59	6553.0	500

사고 싶어!

1분 안에 개인투자자와 기관투자자, 세력 등이 드나든다

기관

세력

시장가 주문이
많이 들어올 때의 호가창

주가가 쉴 새 없이 변동이 있고 규모가 큰 주문이 들어오며 매수와 매도가 치열하게 이루어지는 종목을 보면 **지정가 주문뿐 아니라 시장가 주문도 많다.**

일일이 가격을 지정하다 보면 기회를 잃을 수 있으므로 주가가 일시적으로 하락한 '눌림목'을 노렸다가 들어가기 때문이다.

그런 매매 양상은 호가창을 보고 있으면 알 수 있다.

예를 들어 단위가 큰 '매도 주문'이 나왔는데 한순간에 그 매도 물량이 사라지고 더 비싼 가격으로 시세가 이동할 때는 시장가 매수 주문이 매도 물량을 삼켰다고 보면 된다.

물론 매수뿐만 아니라 어느 정도 주가가 올랐을 때는 시장가로 **매도 주문이 나와서 바로바로 수익을 실현**하기도 한다.

전문 투자자들이 일정한 규모 단위의 거래하는 로트(lot) 매매에서는 당연히 이 방법이 즐겨 쓰인다.

주식 호가창의 신 100법칙

[어느 날의 [2158 FRONTEO]의 5분봉과 호가창]

날짜 2021/10/26 11:10 시가 **2,550** 고가 **2,568** 저가 **2,548** 종가 **2,553**

9:55
2690

2504
11:00

MA(6)	2,562.33
MA(12)	2,607.00
MA(24)	2,621.29

au카부코무증권 https://kabu.com

2158 도쿄 표시 R 매수 매도 신용 상환 C N
FRONTEO [도쿄M]

			시장가	—
현재가	2554	11:30	매도 지정가	매수
C	+300 +13.30%			
VWAP	2579.3591		392100 OVER	
VOL	7066500		1300 2567	
시가	2351 09:03		600 2566	
고가	2690 09:55		700 2565	
저가	2324 09:03		400 2564	
전일종가	2254 10/25		1700 2563	
금액	18227041300		600 2562	
연중 최고가	2690 10/26		300 2561	
연중 최저가	595 01/18		700 2560	

시간	체결가	거래량
11:30	2554	4600
11:29	2555	100
11:29	2555	100
11:29	2556	100
11:29	2557	100
11:29	2556	100
11:29	2555	300
11:29	2555	600
11:29	2556	400
11:29	2560	1200
11:29	2559	600
11:29	2558	200
11:29	2556	200
11:29	2559	200
11:29	2558	200

		매수 호가
100 2559		
300 · 2557		
	2554 ·	700
	2553	1700
	2551	1000
	2550	2200
	2549	1600
	2548	1400
	2547	1500
	2546	1000
	2545	1400
	2544	500
	UNDER	386900

체결가를 보면 2,555엔, 2,556엔으로 거래 성립. 시장가 매두 주문이 매수를 삼켰다고 해석할 수 있다.

정규 거래 시간에는 시장가 주문이 호가창에 표시되지 않는다.

2,556엔, 2,555엔의 매수 호가(지정가)가 한순간에 사라졌다.

가부탄 https://kabutan.jp

제4장 '시간별 체결가'를 읽는다

단숨에 주가를
위로 올릴 때의 체결가

주가에 기세가 붙으면 매수세가 솟구친다.

매도세가 잇달아 나와도 그 물량을 거침없이 잡아먹는 것이다.

이런 양상을 보이면 이에 추종하는 매수세가 들어온다.

이것이 **주가가 급등할 때의 호가이자 체결가다.**

물론 이렇게 매수 우위의 호가일 때는 그렇게 견인해줄 만한 뉴스가 있기 마련이다.

경이적인 실적 발표. 획기적 신기술. 신제품 발표. 효과적인 치료제 승인.

또는 순풍이 될만한 정책과 예산, 정책 결정도 호재로 작용한다.

요인은 다양하지만, 눈이 돌아갈 정도로 정신없는 시장 참여자의 신속한 대처를 입증하듯이 재료와 뉴스가 대중에게 노출되기 전에 주가가 먼저 반응한다.

다시 말해 시간별 체결가가 최고로 빠른 뉴스라고 할 수 있다.

순식간에 변하는 호가는 잘 살펴보고 있으면 알아차릴 수 있다.

그 순간 뉴스를 검색해서 수긍이 가는 재료가 있는지 판단하면 된다.

그런 의미에서 호가는 숨길 수 없는 시세의 방향성을 보여준다고 할 수 있다.

[어느 날의 [6178 니혼유세이]의 5분봉과 호가창]

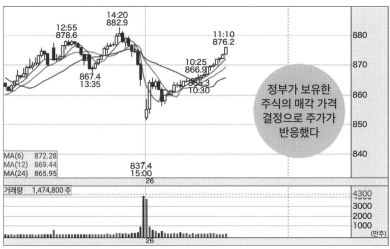

가부탄 https://kabutan.jp

6178	도쿄 ▽	표시	R 매수 매도 신용 상황 C N

니혼유세이 |도쿄1|

현재가	876.2	11:14	--	시장가	--
	+38.8	+4.63%	매도	지정가	매수
VWAP		859.7509	5643100	OVER	
VOL		91480700	12500	877.1	
시가	852.4	09:00	71400	877.0	
고가	876.2	11:14	13800	876.9	
저가	851.5	09:00	23600	876.8	
전일종가	837.4	10/25	12800	876.7	
금액		78650615350	12400	876.6	
연중 최고가	101.0	03/19	18400	876.5	
연중 최저자	793.4	01/04	12100	876.4	
			17600	876.3	
시간	체결가	거래량	14400 ·	876.2	
11:14	876.2	5000		876.1 ·	5900
11:14	876.2	100		876.0	17800
11:14	876.1	500		875.9	9700
11:14	876.1	200		875.8	25200
11:14	876.1	1000		875.7	20600
11:14	876.1	500		875.6	8900
11:14	876.1	800		875.5	8700
11:14	876.0	400		875.4	16300
11:14	876.0	1000		875.3	8200
11:14	876.1	1800		875.2	6900
11:14	876.1	100		UNDER	44232600
11:14	876.0	300			
11:14	876.0	700			
11:14	875.9	1500			
11:14	875.9	200			

au카부코무증권 https://kabu.com

매수와 매도가
줄다리기하는 체결가

주가는 **매수와 매도의 균형**으로 방향이 결정된다.

매도세가 강하면 주가는 하락한다.

매수세가 강하면 주가는 상승한다.

당연한 말이지만 주가 변동, 즉 호가의 변화는 매수와 매도의 균형으로 결정된다.

위로 갈 것인가, 아래로 갈 것인가.

미묘한 균형에 따라 정해진다.

그것을 보고 위쪽으로 가면 매수세가 늘어난다. 호가창의 영향으로 주가가 강세를 띤다.

반대로 매도세가 강해지면 그 양상을 보고 서둘러 팔아버리려는 사람이 늘어난다.

호가창은 단순한 데이터가 아닌, **투자자들의 심리에 큰 영향을 미친다**는 뜻이다.

눈앞에 보이는 매수와 매도 호가의 균형과 모양새에 주목하지 않으면 단기 트레이딩에서는 이길 수 없다.

물론 중기 트레이딩을 하는 사람도 호가를 보는 편이 시세 흐름을 파악할 수 있다.

팔고 싶어

[어느 날의 [6758 소니그룹]의 호가창]

매도	시장가	
	지정가	매수
563700	OVER	
1300	13875	
1000	13870	
600	13865	
1000	13860	
500	13855	
208200	13850	
	13845	207100
	13830	400
	13825	400
	13820	400
	13815	400
	13810	1700
	UNDER	678500

현재 주가 ↑ 13850

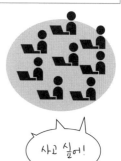

사고 싶어!

체결가에도
줄다리기
상황이
나타난다

시간	체결가	체결량
9:01	13840	800
9:01	13845	400
9:01	13835	300
9:01	13845	100
9:01	13840	400
9:01	13840	100
9:01	13845	100
9:01	13840	2000
9:01	13840	900
9:01	13840	600
9:00	13840	600
9:00	13835	600
9:00	13840	300
9:00	13840	100
9:00	13835	100

체결가로
방향을 읽는다

47

　주식 거래 화면 중에서도 '시간별 체결가'는 **주가 변동의 '박동'을 실감**할 수 있는 귀중한 데이터다.

　매수 주문이 증가하고 매도 주문을 착착 잡아먹어 가는(매수하는) 듯하다면 주가에 대한 상승 압박이 강해진다.

　호가창에서는 연이어 매수가 솟구치고 체결가가 엄청난 기세로 쏟아지면서 체결가가 점점 올라가는 것이 보인다.

　이럴 때는 성급하게 수익을 실현할 필요가 없다.

　어디까지 상승할 것인가.

　매수세는 언제까지 이어지는지 냉철하게 파악하는 것이 현명하다.

　주가 상승과 하락 방향은 캔들로 알 수 있지만, 좀더 현장감을 갖고 살피려면 호가 정보, 그중에서도 시간별 체결가의 변화를 직접 들여다볼 필요가 있다.

　그 움직임에서 분위기를 읽고 기세와 흐름을 파악하면 주가의 방향과 시장의 흐름을 느낄 수 있다.

　주가를 높은 확률로 맞히려면 이 '느끼고', '감지하는' 것은 매우 중요한 일이므로 가볍게 여기지 말아야 한다.

매도세가 강렬하게 치솟는 시점이다.

그것은 **상당한 확률로 악재가 나왔을 때다.**

싼값에 사는 사람이 있지만 아무리 매수해도 매도 물량이 나온다.

즉 '투매'가 나오는 때다.

반대로 뭔지 모르겠지만 매수세가 잇달아 나와서 아무리 매도해도 주가가 오른다.

이때도 주가 상승에 좋은 재료나 소식이 나중에 전해진다.

물론 뉴스에도 나오지 않는 의도적 주가조작도 있지만 말이다.

시간	체결가	체결량
10:42	3460	100
10:42	3455	100
10:42	3455	1800
10:42	3450	100
10:41	3450	100
10:41	3450	400
10:41	3450	100
10:41	3450	100
	3450	100
10:41	3445	400
	3445	100
	3455	100
	3450	100
	3445	500

호가창의 매매 균형을 파악한다

- 시대 풍조, 자신을 둘러싼 환경, 다양한 가치관, 그것들을 올바르게 보고 자신의 판단대로 행동할 수 있는 것은 어디에도 속하지 않는 미아뿐이다.
  나쓰메 소세키, 소설가
- 자신에게 승산이 있고 그것을 뒷받침하는 표본이 충분히 있는 경우 확률적 결과를 낳는 현상은 일관된 결과를 남긴다.
  마크 더글러스, 시카고 거래행동원리연구소 소장

전날보다 강한
아침의 호가

그날 주가가 어떻게 움직일까.

전체 흐름은 아침에 마감한 미국 증시 지수로 어느 정도 예상할 수 있다.

하지만 개별 종목은 개별 재료로 움직이는 경향이 강하기 때문에 역시 장이 열리기 전 호가에서 살펴봐야 한다.

분기별 실적 발표나 연말 결산은 장중에 발표되기도 하지만 주가에 급격한 영향을 주지 않도록 15시*이후, 즉 **장이 끝난 뒤 발표되는 경우**가 많다.

그 정보는 저녁부터 매매되는 야간 PTS(장외거래)에 즉각 반영된다.

좋은 내용, 특히 시장의 예상을 뛰어넘어서는 실적 수정 발표가 나면 PTS에서 이미 상한가를 기록한다.

당연히 이 움직임은 다음 날 아침 주가에 반영된다.

밤에 매매되는 PTS는 개인 매매가 대부분이지만, **낮의 주가는 전 세계에서 들어오는 주문**이다.

PTS와 같은 반응이면 소형주는 상한가가 될 수도 있다.

대형주는 매수세가 압도적으로 강한 화면을 보인다.

또 실적 이외에도 국가의 정책적 뒷받침이 있으면 해당 뉴스에 반응해서 사모로 관련 종목 판은 매수세가 많다. 즉, 강한 경향이 있는 것이 일반적이기 때문에 '매수 주문이 많구나'라고 느꼈을 때는 **뉴스를 보거나 그 근거를 찾아보자**.

뉴스를 본 뒤 호가창을 확인하기도 하지만 호가창에서 심상치 않음을 느끼고 뉴스를 찾아보는 방법도 있다.

*한국의 경우 장을 마감한 15시 30분 이후이다.

7862	도쿄 ∨	표시		R 매수 매도 신용 상환 C N
토판폼즈				[도쿄 감리]

현재가	—		200	시장가	14528300
	—		매도	지정가	매수
VWAP	—		—	OVER	
VOL	—			—	
시가	—			—	
고가	—			—	
저가	—			—	
전일종가	1022	11/10		—	
금액	—			—	
연중 최고가	1221	03/22		—	
연중 최저가	986	08/20		—	
시간	체결가	거래량		—	
				—	
				—	
			14400 전	1322	
				1322	전 14680800
				1321	200
				1300	400
				1282	100
				1251	100
				1250	3200
				1232	1100
				1222	100
				1200	2200
				1190	200
				UNDER	43700

'토판폼즈가 주식 공개매수를 실시'한다는 기사가 나온 다음 날 아침, 개장 전의【7862 토판폼즈】 호가창. 일방적인 매수세가 들어와 있다. 이날은 상한가로 장을 마감하고 다음날도 연속 상한가를 기록했다.

au카부코무증권 https://kabu.com

제5장 호가창의 매매 균형을 파악한다

전날보다 약한
호가

반대로 전날에 비해 호가가 약할 때는 그 원인을 찾아봐야 한다.

NY 다우존스산업평균지수나 일본의 나스닥이 약세를 보일 때, 특히 나스닥이 약세를 보이고 필라델피아 반도체 지수(SOX)가 하락했을 때는 대체로 도쿄 시장의 반도체 종목들도 약세를 띠며 출발한다.

또 NY 다우가 큰 폭으로 내렸을 때 대형주는 일반적으로 '매도세'로 시작한다.

이 경향을 잘 알아둬야 한다.

이것은 일본 기업들이 미국에 의존하고 있고 또 미국이 주류는 아니더라도 세계 최대 경제국의 동향이 **기업 실적에 간접적으로라도 영향**을 미칠 수 있다는 점에서 주가가 시장 가격에 영향을 미치는 것으로 풀이된다.

또 당연하지만 전날 장이 끝난 뒤 발표된 재무제표와 실적, 기업 경영에 관한 부정적인 정보는 직접적으로 주가에 반영된다.

그래서 아까도 말했지만 '너무 싸다'고 생각하는 호가가 나오면 '왜 그럴까'하는 관점으로 보는 것이 중요하다.

또 평소처럼 눌림목이 찾아왔다고 안이한 생각으로 매수했더니 사실은 다음 분기의 암울한 뉴스, 부정적인 정보가 튀어나오기도 한다.

이처럼 **호가창은 단순한 수치의 나열이 아니다.**

개별 기업의 움직임뿐 아니라 다양한 글로벌 정보까지 담아내는 매우 가치 있는 데이터라 할 수 있다.

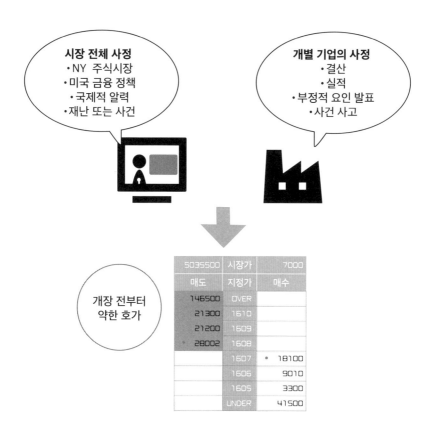

시장가 주문 수량에
나타나는 강도

아침에 개장 전과 오후장이 시작되기 전의 호가창에는 시장가 매수와 매도 수량이 표시된다.

시장가 주문은 아무튼 현시세 수준에서 빨리 '사고 싶다' 또는 '팔고 싶다'는 뜻이다.

매수 주문은 **주가가 상승할 것이라는 강한 믿음**에서 나온다.

'매도' 시장가 주문은 '주가가 떨어질 수 있다는 약한 마음'에서 나온다.

자, 이 시장가 주문 중 매수와 매도 중 어느 쪽이 더 많은가.

매수세가 압도적으로 많으면 그 종목에 대한 '상승에 대한 확신'이 있는 셈이다.

반대로 매도 수량이 훨씬 많으면 '하락할 것이라는 예측'에 지배당해 물량을 처분하게 된다.

주가가 향후 내려갈 것을 예측할 수 있는 시장가 주문의 균형이다.

호가에 나타나는 이런 상황은 무시할 수 없다.

오히려 극단적으로 매도세가 많은 종목에 '시장가 매수'를 하는 사람이 있는 셈인데 주가의 위치가 하락 추세를 타고 있는지 아니면 바닥인지를 보고 매수할 필요가 있다.

매수세가 많을 때도 마찬가지다.

주가는 천장권에서 강세를 보이는 경우가 많지만, 괴리가 너무 커졌을 때의 낙관적인 호가창은 위험하다고 봐야 한다.

[어느 날의 [6193 버추얼렉스홀딩스]의 호가창과 5분봉]

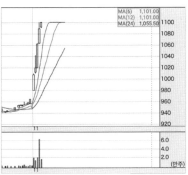

전날 흑자 전환을 알리는 실적 발표가 있었다. 100엔 이상 상승해 천장권을 형성했다

가부탄 https://kabutan.jp

UNDER와 OVER의
균형을 본다

호가창의 오른쪽, '매수' 잔량란의 가장 아래에 있는 'UNDER'와 왼쪽 '매도' 잔량란의 맨 위에 있는 OVER의 숫자. 이것들은 세트로 봐야 한다.

균형은 그 종목의 주가 하락 또는 상승이라는 방향성을 나타낸다. 주식 거래를 할 때는 어느 쪽의 주문 수량이 많은지로 거래의 방향성을 읽는 것이 중요하다.

매수가 많을 때 호가창의 형태로는 **UNDER 수치가 대단히 크다.**

UNDER는 호가창에 표시되는 매수를 희망하는 가격과 수량에 표시되지 않은 **'숨겨진 주식수'이다. 표시된 호가의 행 수는 증권사에 따라 제각각이지만 가장 낮은 호가보다도 더 싼, 표시되지 않은 곳에 큰 매수세가 숨어 있는 것이 특징이다.**

그것이 많을수록 '유리한 가격에 매수하고 싶은' 사람이 많다는 것을 보여준다.

그리고 투자자들은 UNDER가 많은 것을 보고 '지정가로 주문해도 별로 떨어질 것 같지 않다'고 판단해 표시된 주가에서 매수 주문을 하거나 시장가 주문을 하게 된다. UNDER의 주식 수량이 많으면 **주가가 강세를 띠고 있다는 인상을 준다.**

반대로 '매도'의 OVER가 많으면 위쪽에서 매도 주문이 대기하는 상태다. 그 주문 수량을 보고 '주가 상승에 한계가 있다'라고 생각해 서둘러 매

주식 호가창의 신 100법칙

도 주문을 내는 효과를 주는
것이다.

　매수와 매도 어느 쪽도 치
우치지 않은 팽팽한 호가창에
서는 매매 동향을 보지 않으
면 주가의 방향을 알 수 없다.

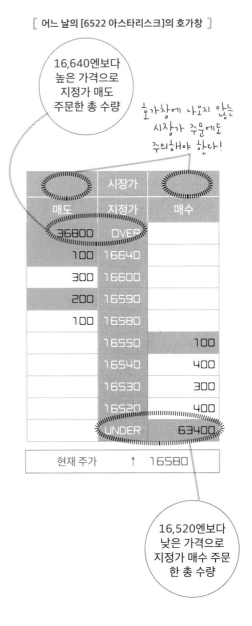

16,640엔보다
높은 가격으로
지정가 매도
주문한 총 수량

호가창에 나오지 않는
시장가 주문에도
주의해야 한다!

매도	지정가	매수
	시장가	
36800	OVER	
100	16640	
300	16600	
200	16590	
100	16580	
	16550	100
	16540	400
	16530	300
	16520	400
	UNDER	63400

현재 주가	↑ 16580

16,520엔보다
낮은 가격으로
지정가 매수 주문
한 총 수량

균형을 파악하기
어려운 대형주

대형주는 매매 균형을 파악하기 어렵다.

주가는 위를 향하고 있지만 OVER(매도) 수량이 비교적 많고 UNDER가 적을 때가 있다.

이것은 위쪽의 호가가 두껍다고 할 수 없으며 '비싸게 팔리면 된다'라는 식의, 매도자가 느긋하게 있는 상태다.

꼭 팔지 않아도 되지만 주가가 강하기 때문에, '이 정도까지는 오르겠지?'라는 생각에서 위쪽에서 지정가 매도 주문이 쌓여있는 것이다.

그것이 바로 주가가 상승하는데도 OVER(매도) 주문 수량이 많은 이유다. 이렇게 **명확한 방향성이 나오지 않은 종목의 호가창에서는 실시간**으로 나타나는 매수 주문 수량과 매도 주문 수량을 **체결가를 통해 파악할 수밖에 없다.**

대형주에 나오는 주문은 컴퓨터를 통한 알고리즘 매매가 설정된 경우가 많다. 이 시스템상에서 조건을 지정해 '이렇게 되면 판다', '이렇게 되면 산다'는 조건하에 자동 매매되기 때문에 상대적으로 큰 수량이 체결가에 나온다.

UNDER(매수), OVER(매도)의 균형에서는 그다지 차이가 없는데도 불구하고 호가가 올라가는 상황에서는 분명히 큰손이 어떤 재료나 데이터를 근거로 높은 가격대에 매수 주문을 넣은 것으로 짐작할 수 있다.

이럴 때는 **그 흐름에 편승하는 전략**을 실행하자.

물론 주가가 세차게 올라가는 시점이 아니라, 매수세가 잠시 진정되어 상승이 멈추면서, 즉 매수하는 쪽이 잠깐 준비작업을 할 때를 노리는 것이 현명하다.

UNDER와 OVER의 차이는 크지 않지만 호가가 슬금슬금 오르고 있다

시간	체결가	체결량
11:14	6577	1600
11:14	6577	100
11:14	6578	1900
11:14	6578	300
11:14	6577	200
11:14	6577	100
11:14	6578	400
11:14	6576	100

[어느 날의 [9984 소프트뱅크그룹]의 호가창]

매도	지정가	매수
1944800	OVER	
4100	6582	
2700	6581	
11200	6580	
3000	6579	
	6577	2900
	6576	1600
	6575	1600
	6574	4200
	UNDER	1700000

현재 주가	↑ 6579

균형은 장중에 급변한다

주가 변동은 예고 없이 찾아온다.

아침에는 별반 눈에 띄지 않았던 종목이 오후장이 열린 뒤 갑자기 매도 주문과 매수 주문이 치열해지면서 **점점 주가가 상승할 때가 있다.**

이 호가창을 보면 가격을 점점 올리면서 사려는 주문이 들어와 있다.

매수 세력은 어떤 재료를 파악하고 '이 정도 주가에서 사도 문제없다'는 전략을 취하고 있다.

호가가 급변하는 시점은 특히 데이트레이딩에서 재빨리 들어가 수익을 내는 수단으로 이용된다.

컴퓨터로 주식을 거래할 때는 10종목 정도의 호가는 항상 볼 수 있는 환경이 주식투자 사이트에서 설정되어 있으므로 항상 원하는 종목을 볼 수 있도록 배치해두자.

이른바 **'감시 종목'**이다.

그 종목들 중 하나라도 이변이 일어났을 때 언제든 들어갈 수 있도록 하는 것은 기회를 붙잡기 위한 자세이자 신속하게 주식 거래를 하기 위한 필수 환경이다.

다만 이변이 일어나 급히 거래량이 늘어나면서 급등한 종목이라도 그 상태가 영원히 계속된다는 보장은 없다.

테마성이 짙은 종목이어도 실적이 뒷받침해주지 않을 때는 반짝 상승으로 끝나기 쉽다.

단순히 매수세가 증가했다, 주가가 상승했다, 호가창에서 주가가 계속 오른다는 이유로 뛰어들면 그때가 상투인 경우가 얼마든지 있다.

큰손들이 주식시장을 좌우하는 것은 사실이지만, **세력이 오로지 수익을 목적**으로 남을 속이기 위한 주가조작을 일삼는 일도 있으므로 주의해야 한다.

거래량이 급증하면서 주가가 솟아올라도 하루 이틀 정도는 그 모습을 지켜보는 여유를 가지도록 하자.

투자자들이 재빨리 단타를 해서 수익을 올리는 것도 좋지만 장기적으로 우상향하는 바람직한 추세인지 파악하려면 주가의 단기 변동에 편승하지 않는 것이 낫다.

제 **6** 장

지정가와
시장가
주문의 체결

● 나는 얻을 가치가 있다고 판단하면 그것을 얻을 때까지 계속 시도할 것이다.
토머스 에디슨

● 같은 방법을 쓰면 나빠질 뿐이라면 버려야 한다.
아무리 오랜 세월 쌓아온 것이라도 바꿔 나가야 한다.
하부 요시하루, 일본의 장기기사

장 시작 '동시호가'를
살펴보자

　그러면 여기서는 주문이 체결되는 방법과 그것을 토대로 한 거래 요령에 관해 확인하자.

　장 시작하기 1시간 전인 8시의 호가를 보면, 그 종목이 강세인지 약세인지 어느 정도 드러난다.

　'이 종목은 상승한다'고 생각되는 종목을 거래하고 싶다면 **일단 시장가 매매의 균형을 확인**하자.

　큰 차이가 없으면 9시, 장이 열릴 때의 시초가에서 순조롭게 거래가 체결되는 경우가 많다.

　그런데 매수세가 강할 때의 호가를 보면 좀 높은 가격에서 주문이 나오는 경우가 많다.

　주가 상승 예감이 들어 그 종목을 꼭 매수해야겠다면 어느 정도 허용 범위에서 일단 소량만 사두는 것도 방법이다.

　그때 **확실히 매수할 방법은 시장가 주문**이다.

　장 시작 시는 '일단 빨리 확실하게 매수하고 싶다'는 시장가 주문이 최우선적으로 체결되기 때문이다.

　그다음이 주가보다 높은 가격인 매수 주문.

　그다음이 매도 주문에 대한 '동일가' 매수 주문.

주식 호가창의 신 100법칙

그다음은 시초가보다는 낮지만, 미리 들어와 있던 매수 주문인데, 순간적으로 주가가 내려왔을 때 체결된다.

이 '동시호가'라는 거래 체결방법을 잘 알아두고 거래하도록 하자.

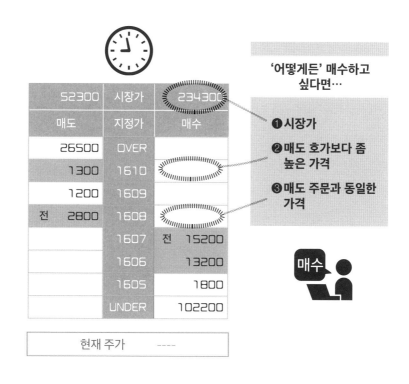

52300	시장가	234300
매도	지정가	매수
26500	OVER	
1300	1610	
1200	1609	
전 2800	1608	
	1607	전 15200
	1606	13200
	1605	1800
	UNDER	102200

현재 주가	----

'어떻게든' 매수하고
싶다면…

❶ 시장가

❷ 매도 호가보다 좀
높은 가격

❸ 매도 주문과 동일한
가격

매수

전날 종가를 기준으로 매매한다

55

주식 거래는 시장가를 제외하고 호가창에 표시되는 주문 순서대로 체결된다는 것은 앞에서도 설명했다.

그렇다면 어떤 식으로 주문해야 유리한지 생각해보자.

'전날 종가를 기준으로 그 주가보다 낮은 가격으로 조금씩 주문한다.'

이것이 유리한 매수 주문 방법이다.

왜 그럴까?

되도록 싸게 주문함으로써 주가가 약간의 변동으로도 수익을 실현하기 쉬운 '평가이익'이 발생하기 때문이다.

앞에서 언급한, 무슨 일이 있어서 이 종목을 꼭 사야 한다는 생각으로 시장가 주문을 내면 주가가 하락할 때 평가손실이 커지면서 암울한 기분이 되기 마련이다.

이상하게도 황급히 주문한 종목은 주가의 눌림목에서 '반드시'라고 해도 맞을 정도로 평가손실이 난다.

종목 카테고리에 따라서도 다르지만, 긍정적인 재료가 있는 종목이라도 반드시 주가는 오르락내리락하기 마련이다.

반드시 매수하고 싶다는 마음은 알겠지만 '낮은 가격으로 산다', '낮은 주가에 매수 주문을 내는' 습관을 들이는 것이 중요하다.

다만 어느 정도 예측해서 주문해도 **주가가 반대 방향으로 움직여 예상**
치 못한 손실이 나왔을 때는 그 즉시 거래를 쉬어야 한다.

매도	시장가 52300	매수 234300
매도	지정가	매수
26500	OVER	
1300	1610	
1200	1609	
전 2800	1608	
	1607	전 15200
	1606	13200
	1605	1800
	UNDER	102200

현재 주가	----

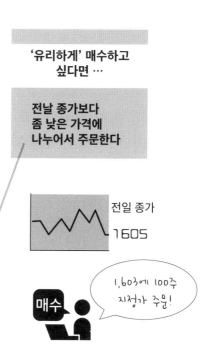

'유리하게' 매수하고
싶다면 …

전날 종가보다
좀 낮은 가격에
나누어서 주문한다

전일 종가
1605

매수

1,603에 100주
지정가 주문!

'지금' 사고 싶거나 팔고 싶다면
시장가 주문을 하자

개장 직후 주가는 시장가 주문이 최우선시되어 체결된다고 앞에서 설명 했다.

이것은 거래 시간의 매매에서도 마찬가지다.

호가창을 보고 있으면 대량의 매도 주문이 있을 때, 대량의 매수 주문 호가가 없음에도 그 주문들이 흡수되어 사라지는 일이 있다.

이것은 확실하게 시장가 매수 주문이 매도 물량을 삼켰다는 증거다.

또 매도 주문의 경우에도 곧바로 팔리는 것은 '시장가 매도 주문'이다.

재빨리 할 때는 시장가로 주문을 내서 수익을 실현하는 것이 현명하다.

다만 호가가 지나치게 얇은, 즉 주문 수량이 적고 호가가 뜨문뜨문 있는 종목에서 '시장가 주문'을 넣으면 그 주문이 주가를 변동시킨다.

시장가 매도가 주가를 떨어뜨리고 시장가 **매수가 주가를 올리는 것이다.**

그럴 가능성이 큰 종목을 시장가로 거래하는 것은 리스크가 크기 때문에 하지 않는 편이 좋다.

주식 호가창의 신 100법칙

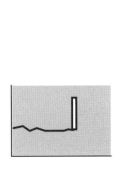

**'지금 당장' 사고
싶다면…**

**시장가 주문이라면
매도 물량이 나오자마자
살 수 있다**

매도	시장가	
	지정가	매수
46500	OVER	
1300	1610	
1200	1609	
2800	1608	
	1607	15200 ✕
	1606	13200 ✕
	1605	1800 ✕
	UNDER	102200 ✕

현재 주가	↑	1608

매수

사고 싶어!

지정가 주문 뒤 기다렸지만
사지지 않아…

성격이 급한 사람에게는 시장가 주문이
정신 건강상 좋을 수도 있다

괴리가 생겼을 때도
시장가로 주문한다

대형주라도 순간적으로 **주식의 호가가 뜨문뜨문 생기는 경우**가 있다.

본래 호가는 590엔, 591엔, 592엔, 이런 식으로 연속적으로 이어진 경우가 바람직하지만 지정가 주문만으로 주가가 움직일 EO는 한순간 590엔이 사라지고 589엔, 591엔, 592엔과 같은 호가창이 될 수도 있다.

이것은 생각보다 많이 일어나는 일이다.

대형주에 속하는 종목에서도 일어나므로 소형주에서는 590엔, 593엔, 595엔과 같이 뚝뚝 끊겨서 **호가가 나오는 일**은 많이 볼 수 있다.

이때는 매도와 매수 수량이 비슷하고 매도는 가장 싸고 매수는 가장 비싼 주가가 표시된다.

그래서 매도는 590엔이지만 매수가 588엔, 이런 식으로 괴리가 생겨서 590엔의 매수 호가가 없을 때는 주문이 체결되지 않는다.

그것은 시간별 시세에도 표시된다.

그 경우 이 종목이 상승할 것이라는 예상이 있다면 590엔에 시장가 주문을 넣고 사버리는 전략도 취할 수 있다.

물론 재료가 존재하고 정부 차원의 국책사업이 있는 종목과 같은 상승 예측이 충분히 되는 종목에 한한다.

호가가 괴리가
생겨 주문
체결이
안 되고 있다

매도	시장가 / 지정가	매수
16500	OVER	
1300	595	
1200	592	
2800	590	
	588	3200
	586	2200
	585	1800
	UNDER	52200

현재 주가　↑　1608

**'호가가 이어져 있지 않은'
상황에서도
매수하고 싶다면…**

**시장가 주문이라면
살 수 있다**

매수　시장가
주문으로

결과적으로
590엔에 살 수 있다

의도적인 주문에
넘어가지 않는다

주식 거래를 하는 수단인 '호가창'은 원래 자연발생적인 '매도 주문'과 '매수 주문'을 대조시켜 체결하는 것이다.

하지만 실제로는 **유리하게 매매하고 싶은 큰손 투자자들, 헤지펀드, 세력**이 의도적으로 주가조작을 목적으로 한 주문을 해서 투자자들의 판단을 흐리게 하는 일이 대단히 많다.

물론 토요타나 일본제철 같은 대형주는 시가총액, 발행주식수, 유통 물량이 엄청나게 많으므로 섣불리 조작할 수 없다.

그러나 중소형주는 유통주식수가 그리 많지 않으므로 2,000주, 5,000주 정도의 주문을 내면 '이 종목은 상승한다', '하락하겠다'와 같은 인상을 줄 수가 없다.

즉 거짓 호가이며 조작이다.

이것으로 **상승 또는 하락이라는 인상을 일반 투자자들에게 주고** 주가가 상승하면 어느 정도 높은 가격에 도달했을 때 단번에 수익을 실현한다.

또 주가를 떨어뜨리고 싶을 때는 대량의 매도 주문을 내서 다른 투자자들이 황급히 매도 물량을 내놓게 유도하고 목표 주가까지 떨어지기를 기다렸다가 쏟아져나온 매도 물량을 사버린다.

이런 행위는 분명히 주가 조작이지만, 주식시장에서는 일상적으로 이루어지는 일이다. 이런 행위에 넘어가지 않도록 주의하자.

매도	지정가	매수
20800	OVER	
1300	1610	
1200	1609	
2800	1608	
	1607	5200
	1606	4200
	1605	800
	UNDER	12300

아무 조작이 없는
이 호가창은
매력이 떨어져서
아무도 사지 않는다

세력이 의도적으로
체결되지 않는 가격으로
주문을 한다

| | 1605 | 90000 |
| | 1600 | 70000 |

(→때를 봐가면서
주문을 취소한다)

매도	지정가	매수
20800	OVER	
1300	1610	
1200	1609	
2800	1608	
	1607	5200
	1606	4200
	1605	90800
	UNDER	142300

매수 호가가 두껍다!
사야겠어!

시장가로
샀다면
1,620엔

주가를 떨어뜨리려는 세력의
호가 조작에 맞서지 않는다

종목에 대한 향후 상승 판단은 투자자들 사이에서도 의견이 분분하다. '아직 더 상승할 여력이 있다'는 '매수자들'에 대해 '너무 비싸다'고 생각하는 '매도자들'은 매도 주문을 낸다.

그렇게 해서 **매수와 매도가 부딪치는 것이 호가다.**

또한 신용거래에서는 매도 주문을 넣고 더욱 떨어진 주가를 되사서 그 차액으로 차익을 챙기려고 한다. 매수는 주가 상승으로, 매도는 주가 하락으로 이익을 얻으려 하므로 쌍방이 치열하게 부딪친다.

무슨 일이 있어서 주가를 떨어뜨리고 싶은 '매도세'는 호가창에 강렬한 매도 물량을 표시하여 '매도가 증가했다', '지금 팔지 않으면 이익이 줄어들겠군'이라는 인상을 줘서 매도를 부추긴다.

이것은 매수자의 '전의'를 상실하게 하려는 양동작전이다.

주가와 비슷한 호가로 매도 주문을 내지 않으면 어차피 매도 주문이 체결되지 않으므로 현재 주가에서 떨어진 비싼 값에 매도 주문을 내면 충분히 효과가 있다.

다만 위쪽에 대량의 매도 호가가 나타났을 때는 의도적이건 정말로 매도세가 있건 간에 **주가가 떨어질** 가능성이 대단히 크다.

호가가 주가의 매매 양상을 명확히 나타내고 매수와 매도 양쪽의 힘을 두드러지게 하므로 그것을 역이용하여 자신이 움직이고 싶은 '하락'에 압박을 가한다.

　주가 위치, 실적, PER, PBR, ROE 그리고 전체 시장의 경향을 고려하여 유도하는 것이다.

　호가창 뒤에 있는 매수세와 매도세의 균형을 파악하여 판단을 그르치지 않고 자금을 투자하도록 하자.

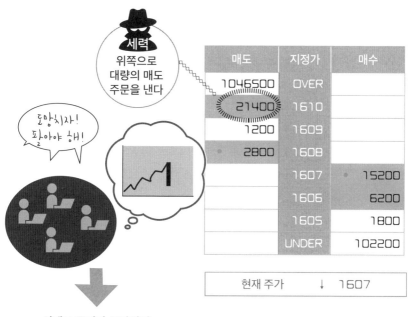

매도	지정가	매수
1046500	OVER	
21400	1610	
1200	1609	
2800	1608	
	1607	15200
	1606	6200
	1605	1800
	UNDER	102200

현재 주가	↓	1607

세력
위쪽으로 대량의 매도 주문을 낸다

도망치자! 팔아야 해!

실제로 주가가 급락한다

저평가주의 주가를 올리는
주가 조작을 간파한다

현재 주가는 PER, PBR, ROE 등의 지표에 비추어볼 때 비교적 저렴하다. 성장주, 인기주가 너무 올라 PER 100배 등이 나오는 가운데 PER 2배, 3배의 실적이 좋은 종목을 보면 당연히 저평가로 보인다.

누구나 그런 인상을 갖는 시세 환경에서는 **종종 세력이 호가에 매수 주문을 왕창 내놓는다.**

2,000엔 정도의 종목에서 100엔, 200엔의 주가 상승이 눈에 띄면서 시장의 이목이 집중된다.

이런 상황에서 호가창에 내놓은 매수 주식 수량은 탁월한 효과를 발휘한다.

'매수가 매수를 부르기' 때문이다.

물론 일직선으로 주가를 올릴 수 있는 것은 재료가 있는 소형주 정도다.

너무 급격하게 올리면 시세는 단명하므로 **'저평가'임을 의식하면서 적당히 이익 실현을 하면서** 조금씩 상승하게끔 한다.

이 주가가 호가창에서 좀처럼 매수세가 모이지 않는 것은 '고소공포증' 때문이다.

지금까지 없던 주가 상승세를 '따라가지 못하는' 셈이다.

하지만 오를 것은 점점 올라간다. **이것이 주가의 진짜 모습이다.**

주식 호가창의 신 100법칙

그 주식이 호실적, 인기주로 인식되면 PER가 30배 정도 될 때까지는 올라간다.

PER 3배와 같은 실적이 좋지만 저평가된 종목은 PER 9배. 적어도 3배는 될 것이다.

그런 생각을 하면서 호가창을 보면 된다.

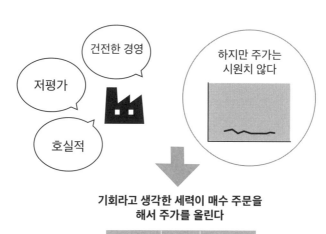

기회라고 생각한 세력이 매수 주문을
해서 주가를 올린다

매도	지정가	매수
46500	OVER	
1300	1610	
1200	1609	
2800	1608	
	1607	15200
	1606	13200
	1605	9800
	UNDER	102200

제**7**장

호가창의 변동을 보면서 기회를 잡는다

- 기회를 기다려라. 절대로 시간을 기다리지 마라.
  빌헬름 뮐러, 시인

- 욕망이 지나치게 많으면 '운'을 놓친다.
  사쿠라이 쇼이치, 일본의 마작사

테마성 매수세가
들어왔을 때의 호가창

주식시장에서는 다양한 투자자들이 각자의 관점에서 매매 주문을 낸다. 때문에 종목이 다르면 **호가창의 모습도 각기 다르다.**

하지만 주가의 움직임은 비슷한 양상을 보일 수 있다.

예를 들어 이 책을 쓰고 있는 지금은, 컨테이너선과 벌크선의 수급이 빠듯하고(수요 대비 공급이 부족) 운임 상승으로 해운주 실적이 좋아졌지만, 이익 대비 주가 수준이 지나치게 저렴하다. 펀더멘탈이라는 측면에서 말하자면 '주가에 반영이 안 되어 있다.'

PER이 3배 이하다. 일반적으로 13에서 15배 정도가 표준이므로, 대개는 저평가라는 관점에서 매수세가 들어온다.

일본 3대 해운사는 닛폰유센(NYK), 쇼센미쓰이(MOL), 가와사키기선(K라인)이다. 최대 규모인 닛폰유센에 매수세가 먼저 들어오고 쇼센미쓰이, 가이사키기선이 뒤를 따른다.

물론 해운주라는 분야에 대한 관점은 동일하므로 해운주가 동시에 오르는 경향이 있다.

그러면 비슷한 매수세와 이익을 실현하는 '시세'가 보일 수 있다.

반도체, 철강주, 레저주, 식품주 등 **같은 업종에 속한 종목들은 비슷한 움직임을 보인다.**

물론 개별 종목의 실적 동향이 다르기 때문에 모두 비슷한 호가창이 되

주식 호가창의 신 100법칙

는 것은 아니지만 테마성으로 매수세가 들어와서 움직일 때는 투자자들은 테마를 보고 종목을 선종하고 주문하는 경향이 있으므로 호가창이 비슷비슷한 형태가 되는 것이다.

테마를 타고 움직일 때는 '아직 반영이 늦은 테마주'를 찾는 움직임이 분명히 있으므로 **뒤늦게 출발하는 종목에 초점을 맞추는 것도** 한 방법이다.

[**어느 날의 [9101 닛폰유센]**]

매도	지정가	매수
15800	7680	
15300	7670	
26700	7660	
2500	7650	
	7640	25000
	7630	22200
	7620	42900
	7610	47400

[**9104 쇼센미쓰이**]

매도	지정가	매수
34200	6760	
24500	6750	
17300	6740	
5800	6730	
	6710	14400
	6700	59100
	6690	37800
	6680	51900

[**9107 가와사키기선**]

매도	지정가	매수
36400	5240	
45200	5230	
13400	5220	
15700	5210	
	5190	24400
	5180	20300
	5170	41400
	5160	42800

같은 업종의 종목들의 호가창은 비슷하게 움직이는 경향이 있다

인기에 따라 움직임이 표면화된다

그동안 소외되어 있던 종목들의 호가창이 어느 날 갑자기 심하게 변화하는 것도 흔한 일이다.

인기 종목은 시대성이 있고 시류를 타고 있어 **미래의 세계 산업을 선도하는 종목**이다.

투자자들은 항상 신선한 종목군을 찾아서 주가를 움직인다.

매수 주문을 낸다.

이미 크게 움직인 종목보다는 '손을 타지 않은 종목'에 주목한다.

이미 크게 움직인 종목들은 고점에 거래량이 터지면서 주가가 정체되면 그 가격대에서 보유자가 늘어나 **'매도 대기 물량'**이 쌓여있기 때문이다.

주가가 오르면 수익을 내고 팔고 싶은 사람이 많기 때문에 '무거운 종목이 된다.'

그 무거운 종목에 손을 대기보다는 그동안 **소외되어 거래가 적었던 종목이 더 가볍게 움직인다.**

인기 테마 순위를 보면 알 수 있듯이 시장에서는 항상 새로운 테마의 종목이 움직인다.

주식정보 사이트에서 그날의 인기 테마 순위를 살펴보면 상위권에 반도체, 반도체 장비, 중고차 등이 올랐다고 하자.

그런데 순위 아래를 보면 여행, 외식, 아웃도어가 있다.

이것은 신종코로나바이러스가 만연했을 때 비인기 종목이었다.

하지만 시간이 지나면서 세상의 움직임이 바뀌자 '신선하다'고 여겨져 매수세가 들어온다.

그 추세에 맞춰 관련 종목의 호가창이 바빠지는 것이다.

주식투자에서는 '다음의 인기 종목'을 예측해, **움직임을 감지하고 신속하게 투자**하는 방식이 승리로 이어진다.

이미 인기를 모으는 종목에서 변동성을 노리는 것도 방법이지만 조용할 때 미래의 움직임을 읽는 편이 더 큰 수익을 가져다줄 수 있다.

한가로운 호가창 뒤에서
일어나는 일에 주의하라

'사람이 가는 뒤에 길이 있고 꽃이 만발하다.'

예로부터 이어져 내려오는 주식투자의 격언이다.

지금 인기를 끌고 있는 종목은 이미 많은 사람이 사서 팔고 싶어하기 때문에 별로 인기가 없는 '뒤에 있는 종목'에 주목해 미리 사놓는 것이 좋다는 뜻이다.

비인기 종목의 호가창을 보면 당연히 거래가 많지 않다.

하지만 고수는 그 점을 노린다.

아무도 모르게 지정가로 조용히 주문한다.

큰 매물은 아니더라도 주가가 크게 변동하지 않는 것에 참다못한 투자자들이 팔기를 기다린다.

거래량이나 거래대금 순위를 보면 알 수 있지만, 언제나 거래량이 많은 종목은 한정돼 있다.

거기에 갑자기 얼굴을 내민 종목의 호가창은 주목할 가치가 있다.

어떤 식으로 매수세가 나타났고 주가를 밀어올리고 있는지 참고해서 기회를 잡을 수 있을 것이다.

불쑥 얼굴을 내민 종목, 테마주는 '새로운 스타'다.

아직 사람들의 손을 타지 않은 종목을 재빨리 알아차리고 들어가는 투

자방식을 실행하자.

호가창에도 점차 큰 손들의 매수가 몰리기 때문에 알 수 있을 것이다.

지금까지 알려지지 않은 움직임을 감지한다.

호가창을 읽는 안테나를 세우는 것이 승리의 원천이다.

매도	지정가	매수
25400	OVER	
100	1570	
400	1569	
100	1568	
100	1565	
	1561	300
	1560	100
	1557	500
	1556	400
	UNDER	23400

현재 주가	↑	1565

한가로워 보였던 호가창이 갑자기 움직인다 **새로운 스타 발견**

매도	지정가	매수
377000	OVER	
2300	1865	
1200	1864	
200	1863	
1600	1862	
	1860	2500
	1859	3800
	1858	700
	1857	5400
	UNDER	618700

현재 주가	↑	1862

거래 대금 상위에 오른
종목의 호가창을 읽자

"인기 종목은 뭘까?"

이것은 개인투자자가 가장 궁금해하는 정보다.

'언제나 인기 있는' 일반적인 종목이 아니라 갑자기 상위 50위권밖에 있다가 얼굴을 내민 '신품'을 원한다.

이런 종목에 어떤 매력이 있냐 하면 일단 '신선하다.'

'사람들의 손을 타지 않은 종목'이라고도 한다.

이런 종목의 특징은 아직 **그 종목을 매수한 사람이 별로 없다는 것**이다.

'매도 대기 물량'이 많지 않으므로 위쪽이 비어 있어서 가볍다.

이런 종목은 테마성, 새로운 재료 등에 특징이 있다.

이 뉴페이스 종목의 호가창을 보면 거래량이 늘어나면서 **새로운 매수자가 점점 몰려든다.**

물론 드문드문 매도 물량이 있고 알고리즘으로 세팅된 거래량이 동반된 매매가 섞여 있지만 신선한 종목이므로 전체 균형을 보면 **매도 물량보다는 매수 물량이 많다.**

다만 거래량 급증이 계속 이어지진 않으므로 적절할 때 빠져나가서 확실하게 수익을 챙긴다는 마음을 갖고 있어야 한다.

주식 호가창의 신 100법칙

어느 날의 [5214 일본전기초자]

매도	지정가	매수
294300	OVER	
300	2967	
1300	2966	
700	2965	
1300	2964	
300	2963	
300	2962	
1400	2961	
300	2960	
300	2959	
5700	2955	
	2951	6100
	2950	2800
	2949	9800
	2948	800
	2947	1300
	2946	9200
	2945	5000
	2944	400
	2943	13000
	2942	3700
	UNDER	214700

현재 주가	2954

오후 장에 세계 최초 산화물전고체 나트륨 이온 이차전지를 개발했다는 뉴스가 발표되었다. 거래량이 단숨에 뛰어오름

상한가에서의 매수 호가
변동성을 확인한다

상한가는 개인투자자라면 누구나 주목하는 현상이다.

가격제한폭까지 주가가 올랐으니 그런 인기종목을 사서 자신은 다음날 가격제한폭만큼의 이익을 얻으려는 생각이 있기 때문이다.

이런 생각에서 **상한가 종목은 매일 화제**가 되고 그 종목에 투자자들이 몰린다.

상한가가 되는 종목의 특징은 놀라운 실적, 대규모 업무 제휴, 새로운 분야에 대한 투자, 주식분할 등 다양하다.

이런 재료에는 투자자의 매수세가 쉽게 모여든다.

대형주의 경우, 특정한 분야에서 놀라운 실적을 거두었다 해도 여러 사업 부문의 일부에 불과하기 때문에 회사 전체의 실적으로는 미미한 비중이라고 생각되므로 주가가 크게 변동하지 않는다.

그러나 **벤처기업이나 사업 분야가 단순한 기업은 그런 재료가 있으면 실적에 미치는 영향이 크기** 때문에 주가 변동 폭도 크다.

그런 이유로 개인투자자들이 벌떼처럼 몰려들고 상한가를 기록한다.

그 호가창을 보고 '**묻지마 매수세**'가 들어온다.

게다가 반드시 매수하겠다고 생각하는 사람들은 '비례배분'이라는 상한가에서의 매수 가능성을 최대화하기 위해 원래 원하는 수량보다 몇 배나

주식 호가창의 신 100법칙

되는 수량을 주문한다.

　상한가를 표시하는 호가창이 매수 주문을 부추긴다.

　호가창의 수요가 '몰려드는' 상황 중 하나다.

[어느 날의 [4582 신바이오제약]]

매도	지정가	매수
53400	시장가	3500900
--	OVER	
	--	
	--	
	--	
	--	
418700	1047	
	1047	특 3683400
	1046	300
	1045	400
	1044	1400
	1043	100
	UNDER	384000

전날 저녁에
흑자 전환했다는
사분기 실적 발표.
매수세가
몰려들었다

사고 싶어!

하한가에서의 매도 호가창의 양상을 본다

반대로 실적 악화, 치료제 임상 실패, 불량품 발생 등 부정적인 뉴스가 나오면 앞다투어 '서둘러 매도'하는 물량이 나온다.

상한가의 반대 경우다.

주가는 공포와 환희를 먹으면서 움직이는 경향이 있다.

좋은 재료가 있으면 '사야 한다'고 생각해 앞다투어 매수세가 몰리지만 나쁜 재료에는 '팔아야 한다', '도망쳐라'라는 심리가 발동해 호가창에 '매도 물량'이 가득하다.

이런 시점에서는 신용 매도를 이용한 차익을 노리는 세력도 가담하므로 매도가 매도를 부르고 매수에 대해 압도적으로 많은 매도 물량이 나와서 '3일 연속 하한가'와 같은 움직임을 보인다.

이런 호가창의 상황에서는 매수세가 적으므로 정말로 손실을 보면서도 탈출하려는 사람이 매도 주문을 해도 거래가 체결되지 않으며 체결된다 해도 수량이 적으므로 시간이 지날수록 손실이 커진다.

주식투자에서는 하한가를 기록했을 때의 대처가 중요하며 이것은 투자에서 패하지 않기 위한 원칙이기도 하다.

매도 주문이 쏟아져서 하한가가 될 것 같을 때는 무조건 '시장가 매도' 주문을 내서 **탈출하겠다는 결단**이 중요하다.

주식 호가창의 신 100법칙

[어느 날의 [3936 글로벌웨이]]

190000	시장가	12100
매도	지정가	매수
478500	OVER	
700	1550	
1400	1548	
200	1543	
특 258200	1541	
	1541	75000
	--	
	--	
	--	
	--	
	UNDER	--

주가 급락 시에는
도망치는 것이 상책.
이렇게 되기 전에
시장가 주문으로
매도하고 탈출

현재 주가	→	1541

한 달 만에
800엔→4,000엔
으로 상승한 뒤,
10일 만에 1,500
엔까지
하락

매도 주문을 냈을 때의
'상한가'에 어떻게 대응할까

신용거래에서는 현물과 달리 주식을 사서 주가가 오르면 판다는 차익 실현 외에 '공매도' 기법을 이용한다.

주가가 이제 고점인가 생각될 때 비싸다고 생각하는 주가에서 '신용 공매도' 주문을 내고 예상대로 주가가 하락하면 어느 정도의 이익, 즉 **하락폭을 잡아서 매수하여 이익**을 내는 방법이다.

이것은 신용거래만으로 가능한 묘미라 할 수 있다.

개인투자자도 할 수 있는데 '공매도'로도 이익이 나기 때문에 주가가 오르든 내리든 변동하기만 하면 주식투자로 수익을 낼 수 있다.

그러나 **주가는 반드시 예상대로 되지 않는 일**이 허다하다.

상한가를 기록한 뒤에는 하한가가 오는 것이 소형주와 신규 상장주들의 특징인데 그 하한가를 노려서 매도 주문을 내고 하락할 것처럼 보인 다음 주가는 그와 반대로 위로 올리는 일이 꽤 많다.

신용 매수는 주가 움직임을 잘못 예측해도 손절하면 그만이다. 물론 손실은 고통스럽지만 보유 주식의 가치가 0이 되어도 손해는 그 범위 내에서만 발행한다.

하지만 공매도는 1,000엔으로 매도한 것이 2,000엔, 3,000엔으로 오르면서 매수도 하지 못한 상태에서 상한가를 연이어 기록하면 1,000엔을 버릴 수도 없어서 3,000엔에 매수하는 사태가 되기도 한다.

매수는 1,000엔을 버리면 되지만 매도는 2,000엔을 버려야 한다. 자칫 잘못하면 5,000엔, 1만 엔을 버리게 된다.

보유 자금의 3배, 이런 식으로 **승부하면 도저히 수습할 수 없는 지경**에 이른다.

그래서 '매수는 집을 잃고 매도는 목숨을 잃는다'는 옛말이 있는 것일지도 모른다.

신용 매도를 하는 사람은 호가창의 모습과 시간별 체결현황에서 눈을 떼서는 안 된다.

신용거래를 하여 '호가창을 보지 않는다', '호가창을 볼 줄 모른다'는 것은 자살행위와 다름없기 때문이다.

상한가의 다양한 형태에
대처한다

상한가에도 다양한 형태가 있다.

갑자기 대량의 매수세가 들어와 장 초반 상한가를 기록한 상태에서 장을 마감하는 것이다.

점차 매수세가 늘어나면서 최종적으로 상한가를 기록하는 종목이다.

심지어는 상한가가 될 것 같지 않았는데, 장 마감 시에 상한가가 되는 것 등이다.

다만 '장 시작 전부터 상한가'인 호가창에서도 막상 장이 시작되면 '특별 매수'로 시작하지만 상한가는커녕 찔끔 오른 주가로 출발하기도 한다.

이것은 자세히 보지 않으면 양동작전임을 알 수 없다.

장 초반부터 거액의 매수세를 보여놓고 매수세가 몰린 곳에 매도 주문을 내서 **이익을 실현하는 작위적인 호가창**이다.

이런 종목은 실적이나 어떤 재료에 반응한 것으로 하루 만에 재료를 소진하는 형태가 된다.

이런 종목의 호가창 화면에 섣불리 넘어가지 말아야 한다.

처음부터 상한가를 나타내는 호가창은 재료가 크고 매수세가 압도적이어서 당분간 고공행진을 이어갈 것으로 보인다.

반면 갑작스러운 상한가가 아니라 점차 매수세가 늘어나 결국 상한가로 올라가는 종목은 **개인투자자도 편승하기 쉬워서 차츰차츰 주가가 상승하는 경향**이 있다.

상한가도 다양한 형태를 띠고 있으므로 부화뇌동하지 않도록 신중해야 한다. 그렇지 않으면 '사다리가 치워져 꼼짝할 수 없는' 상황에 부닥칠 수도 있다.

[어느 날의 [2385 총의연홀딩스]]

개장 전부터
상한가인
패턴

[어느 날의 [2479 제이텍]]

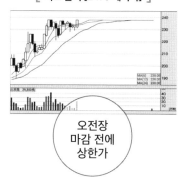

오전장
마감 전에
상한가

[어느 날의 [3691 리얼월드]]

장 시작
전부터
상한가였고
그 상태로
장 마감

「株探」 https://kabutan.jp

상한가도 하락한다는
점에 주의한다

상한가가 되는 종목이 모두 그 후로도 상승하리라는 법은 없다.

의도적으로 주가가 상승되고 그 모습을 본 투자자들이 편승하면 그때 이익을 실현해서 결과적으로 종가가 약해지거나 심지어 급락해 **하한가까지 떨어지는 어이없는 상황**이 생기기도 한다.

이것은 재료가 주가에 반영되어도 주가가 지나치게 높다는 평가, 나아가 회부 환경 악화로 전체적으로 시장이 하락하자 그 흐름을 거스르지 못해 나오는 매도세에 밀리는 일도 있다.

한순간에 곧바로 상한가가 되는 것이 아니라 어느 정도 수익을 실현하는 매도 물량을 삼켜가면서 최종적으로 상한가까지 오르는 종목이 비교적 긴 호흡으로 상승할 가능성이 크다.

개인투자자들은 상한가 종목에 뛰어드는 경향이 있지만, 그다음에 주가가 어떻게 될지는 아무도 모르므로 노파심에서 말하자면 그런 종목은 피하는 편이 현명하다.

만약 다음 날에도 **상한가가 되었다면 그것은 운이 좋았을 뿐**이다. 수익이 났을 때 빠져나온다고 마음먹자.

그다음에 다시 상한가가 되는 일은 확률적으로 매우 낮기 때문이다.

[어느 날의 [4837 시닥스] 5분봉과 호가창]

좋은 실적으로
전일 상한가.
이날도 개장 전의
호가는
상한가

MA(6)   565.33
MA(12) 565.83
MA(24) 568.46

거래량   2,100 주

가부탄 https://kabutan.jp

매도	지정가	매수
287400	OVER	
100	566	
1200	565	
100	564	
1300	562	
	560	7500
	559	4300
	558	5500
	557	2800
	UNDER	91200

현재 주가	↑ 562

두꺼운 매도
호가가 상승을
꾀하며 천장에
붙어있다

상한가 종목에
뒤늦게 뛰어드는 것
은 불나방과 같다

상한가의 끝은
10연속 하한가

개인투자자는 '상한가'를 좋아한다.

'텐버거'를 노리는 사람이 많아서 종목이 상을 치면 '이건 텐버거인가'하는 생각이 머릿속을 스치기 때문이다.

그러나 그것은 거의 망상이다.

텐버거의 차트를 보면 알겠지만, 진정한 텐버거는 예상 실적을 상방으로 수정하거나 인기종목이라는 **파도를 타고 테마주로 발전**하여 그 카테고리에 속한 종목들 대부분이 시세를 낸 결과인 경우가 많다.

물론 상한가를 맞고 텐버거가 되는 일이 아주 없진 않다.

하지만 그런 종목은 '재료가 과대평가된' 결과인 경우가 많다.

따라서 투자자들이 과대평가임을 알아차리는 순간이나 재료가 실패로 끝났을 때 실망 매물이 쏟아지고 매수세가 사라져서 **하한가가 될 가능성**이 크다.

이런 종류의 종목을 건드리면 '팔고 싶지만 팔리지 않는' 일을 되고 '보유 주가가 10분의 1로 쪼그라들었다'고 눈물을 삼키는 수밖에 없다.

주식투자는 '하이리스크 하이리턴(High Risk High Return)'이다.

크게 벌 가능성이 있는 종목은 크게 잃을 가능성도 있다.

이런 경향을 잘 생각하고 투자하지 않으면 원금이 다 날아갈 수도 있다.

군중심리로 모여드는 **매수세는 다음 순간 폭포와 같이 쏟아지는 매도세**로 바뀔 수 있다는 말이다.

크게 터지는 종목은 크게 쪼그라든다.

이 점을 명심하고 크게 지지 않도록 하자.

[**[4592 선바이오]** 의 과거 일봉 차트]

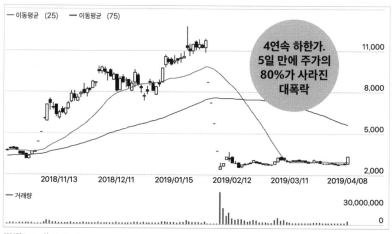

가부탄 https://kabutan.jp

제**8**장

대량 주문이 들어온 호가창은 이렇게 해석하라

- 권력의 노예가 되지 마라.
  이데미쓰 사조, 석유 재벌 이데미쓰흥산의 창업자

- 주식투자라는 것은 대개 열 번 팔고 한 번 사면 된다. 그 한 번의 매수를 언제 어디서 하느냐가 어려울 뿐이다.
  노무라 도쿠시치, 노무라증권 창업자

누가 봐도 큰손이 들어오는
종목의 특징

기관투자자, 연금, 은행, 개인이 모두 수익을 낼 수 있는 종목은 놀라울 정도로 좋은 성과를 내는 기업의 주식이다.

이른바 **'전원 참가형'**이라고 불리는 종목이다.

그런 종목의 특징은

- 사업환경에 순풍이 불고 있다.
- 실적이 대단히 좋다.
- PER, PBR, 배당이 좋다.

이렇게 흠잡을 곳이 없는 주식이다.

기관투자자들이 **선호하는 종목**이라 할 수 있다.

연금기관의 자금이나 투자신탁에는 일정한 규정이 있어서 무배당이나 적자인 기업의 주식에는 손을 대지 않는다.

그런데도 매매하는 것은 알고리즘을 활용한 '초단기매매'다.

증권사 딜러들은 이런 방식을 선호하는 경향이 있다.

전원참여형인 호재 가득한 종목에는 국내외 기관투자가들의 매수세가 몰린다.

당연히 개인투자자의 편승도 기대할 수 있다.

그 때문에, PER의 데이터가, 초저평가(2배에서 5배)일 때는 빠져나가는 일이 적다.

평균적인 10배 이상이 되면 수익을 실현하는 움직임이 생기기는 한다. 그 전형적인 예가 이 책을 쓰고 있을 때 움직였던 닛폰유센과 쇼센미쓰이 등의 해운주다.

이러한 종목에는 이익 실현 물량이 적당히 나오지만, 앞으로도 **상승할 것이라고 보는 호가창의 움직임**이 명확해진다.

매수에 적합한 시점은 어느 정도 주가가 오른 후 이익을 실현하는 물량이 나오고 매도세가 진정될 때다.

대규모 매집에서는
아래 호가와
시장가, 양쪽으로 매수한다

큰손이 즐겨 들어가는 종목의 특징을 살펴봤는데, 그렇다고 그들이 무작정 '비싼 호가에 주문을 넣는 것'은 아니다.

물론 큰손들이 원하는 최상의 종목이거나 때가 왔다면 느긋하게 매수할 수 없으므로 그때는 다소 높은 가격에 매수한다.

최근에는 반도체 제조장치 레이저테크, 어드반테스트, 자동차주인 도요타, 철강기업인 니혼제철, 해운 닛폰유센 등이 전원참여형 종목으로 나타났다.

이런 호가창에서는 **아래 호가(UNDER)에서 압도적으로 매수 주문**이 쏟아지기 때문에 상승 예감이 들 때는 호가를 높여서 살 수밖에 없다.

더욱이 시장가 매수로 매도 물량을 삼키는 방법으로 매도에 대해 '매수' 주문을 낸다.

그 시점의 호가창은 '시간별 체결가'를 주시하면 알 수 있지만, 통상적으로는 있을 수 없는 3만 주, 5만 주와 같이 규모가 큰 거래가 체결된다.

명확하게 '주가가 상승한다는 느낌'이 들어서 하는 매수이며, 이 시점에 개인투자자들이 편승해도 큰 리스크는 없다.

그 말대로 5,000주, 8,000주의 매수 주문에 섞여서 100주 단위의 거래가 체결되는 것이 이어진다. 절로 미소가 지어지는 개인투자자들의 거래다.

그렇다, 큰손이 기세 좋게 매수하며 오르는 **호가창에 올라타는 것은 현**

명한 전략이다.

큰손들의 움직임에 맞추어 기세가 살아있을 때 매수하고 이익이 나면 매도한다.

그 전략을 반복하면 실패할 확률을 낮출 수 있다.

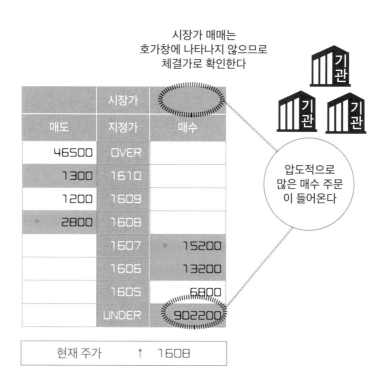

시장가 매매는
호가창에 나타나지 않으므로
체결가로 확인한다

매도	지정가	매수
	시장가	
46500	OVER	
1300	1610	
1200	1609	
2800	1608	
	1607	15200
	1606	13200
	1605	6800
	UNDER	902200

기관

기관 기관

압도적으로
많은 매수 주문
이 들어온다

현재 주가	↑ 1608

큰손이 들어왔다는 증거는 100주에 섞여 있는 5천 주, 1만 주

큰손이 들어왔는지 아닌지는 체결가를 보면 알 수 있다.

평소에는 100주, 200주, 400주와 같은 수량이 표시된 호가창에서 매도와 매수의 균형이 잡혀 있다.

그런데 갑자기 5,000주, 1만 주, 2만3,000주라는 이변이 체결가에 나타난다. 그동안 별다른 인기도 없었는데 **갑자기 거래량이 늘면서 주가가 급등한다.**

이것은 분명히 '재료가 반영되어 있다'고 생각하면 틀림없다.

그 재료가 이미 뉴스에 나왔다면 '이 재료가 평가받고 있다'는 것을 알 수 있겠지만 아무것도 드러나지 않았는데 거래가 치열해져 큰 단위의 거래가 위호가에서 체결될 때는 일단 100주, 300주 등을 매수하고 추적하면 된다.

그 나름의 큰 재료가 있음을 알아차렸다면 주가가 눌림목일 때 매수 수량을 늘리면 된다.

절대로 큰손이 위호가로 마구 사들일 때 편승하면 안 된다. 그렇게 하면 매수 주문의 가격이 더욱 높아질 뿐이다.

큰손이 들어와도 얼마 뒤에는 적당한 눌림목이 반드시 나타난다. **수익을 실현하려는 사람들**이 있기 때문이다.

큰손은 소폭이라도 수익을 실현한다.

한 번에 내는 매수 주문 수량을 크게 하고 그만큼 수익을 실현하는 큰손과 투자자들이 많기 때문에 반드시 눌림목이 생긴다.

급격한 시장가 매도로 주가가 급락했을 때, 그때가 들어갈 타이밍이다.

기세 좋게 상승 추세를 이어가고 있고 거래량도 동반될 때는 매수하는 것이 맞다.

시세가 강할 때 한판 승부하는 민첩성이 필요한 것이다.

[어느 날의 [8411 미즈호파이낸셜그룹]의 시간별 체결가]

시간	체결가	체결량
11:29	1545.0	100
11:29	1545.0	100
11:29	1545.0	100
11:29	1545.5	100
11:29	1545.5	200
11:28	1545.5	100
11:28	1544.5	7400
11:28	1545.0	17600
11:28	1545.5	400

대량 주문!
연금기금이나
기관투자자 등
큰손의 주문으로
추정할 수 있다

일부러 주가를 떨어뜨렸다가 줍는 움직임

인기 종목이 되면 '가능한 한 유리하게 사고 싶다'는 의식이 투자자들 사이에서 확산된다.

큰손은 드러내 놓고 그렇게 움직인다.

반면 개인투자자는 '이 주가면 사도 된다'는 기준을 갖고 낮은 가격에서 매수하려고 하는 편이 좋다.

각 주체의 매수와 매도 주문 계획과 종목에 대한 관점이 다양하게 존재하므로 아무리 인기가 많은 종목이어도 대량 매수도 있고 대량 매도도 나오기 마련이다.

대량 매도가 나오면 주가가 갑자기 훅 떨어진다.

캔들을 보면 음봉이다.

실은 이때가 '매수 적기'다.

주가가 상승할 때 나온 대량 매도 주문은 주가가 파죽지세로 오를 때라도 반드시 생긴다.

그럴 확률이 크다.

매수 시점은 100%라고 해도 좋다.

뚜렷한 눌림목 없이 계속 상승하는 종목도 있지만, 그것은 유통주식수가 적은 소형주에 많다.

주식 호가창의 신 100법칙

소형주나 신규 상장주는 종종 매수세가 매수세를 불러들이므로 잠깐 사이에 상한가를 기록한다.

그러나 유명한 대형주나 실적주는 유통주식수가 많아서 그리 쉽게 상한가가 되지 않는다.

그 주가 변동성을 이용하여 컴퓨터로 프로그램 매매(알고리즘)가 이루어진다.

개인이 이런 종목에 현명하게 발을 담그고 싶다면 큰손들이 수익을 실현하여 눌렸을 때를 노려야 한다.

기세 좋게 오를 때, 즉 높은 가격에는 절대로 뛰어들지 말아야 한다.

높은 가격에 매수하면 나보다 더 비싼 가격에 내 주식을 사줄 사람을 손가락을 빨면서 기다려야 하지만 그럴 확률은 대단히 낮기 때문이다.

갑작스러운 인기에
뛰어들어 실패하지 마라

"내가 사면 떨어진다."

초보투자자나 주식을 잘못하는 투자자들에게 자주 듣는 말이다.

이것은 '주가가 오르는 것을 인식한 뒤에 매수'하는 나쁜 습관이 들었기 때문이다.

호가창이 눈이 어지러울 정도로 바쁠 때 매수한다.

하지만 그 뒤에는 **매도 일색이 될 수 있음**을 알아야 한다.

'사람이 가는 뒤에 길이 있고 꽃이 만발하다.'

이런 격언이 있듯이 오르는 종목은 초반에 사들여야 한다.

또는 주가가 움직이고 나서 일시적으로 눌림목이 될 때 매수한다.

모두가 알아차리고 한창일 때 하는 매수는 매우 불리하다.

작전주이든 재료주이든 모든 테마 종목은 사람들이 깨닫지 못하는 시점에 매집이 이루어진다.

가령 앞으로 움직이기 시작할 드론 택배 관련은 2022년의 테마 종목인데, 이 책이 나온 지 얼마 안 돼 오를 가능성이 있다.

인기를 끌 테마 종목은 미리 파악해두고 언제 움직일지에 주목해 거래량이 늘고 주가가 오르기 시작한 초반에 감지하는 안테나가 중요하다.

얼마나 빠르게 인기 종목, 테마 종목의 오름세를 잡느냐가 승리의 관건이다. 미리 예상하고 미묘한 변화를 깨닫는다.

이것이 수익을 낼 수 있는 투자자의 스타일이다.

누가 봐도 확연히 움직이는 것을 본 뒤에 뛰어드는 스타일은 이른바 '호구'가 될 수 있으니 조심해야 한다.

'꼭 매수하고 싶은 욕구'라는 것은 종종 상당히 늦은 시점에 발동되기 때문이다.

초입부에 올라탔다가
일찍 내려라

거래대금 순위, 거래량 순위는 어느 정도 익숙해진 투자자들이라면 반드시 눈여겨보는 자료다.

주가 상승의 초입에는 이 순위에 갑자기 얼굴을 내밀기 때문에 감출 수가 없다.

누구나 알 수 있는 자료다.

거래량 급증과 큰 폭의 주가 상승은 매수세를 끌어들인다.

투자자는 인기 종목이 되는 움직임에 올라타고 싶어하므로 데이터상으로 명확해지면 한동안 매수세가 대량으로 몰린다.

매도보다 매수가 더 많아지고 주가가 상승하는 양상을 보고 추가 매수세가 들어온다.

이 초반부에 인기 종목이 되어가는 과정에서 올라타지 않으면 수익을 낼 가능성을 놓칠 수 있다.

일찍 올라타고 일찍 내린다.

이것이 이기기 위한 투자 스타일의 기본이다.

횡단보도 신호등으로 비유하자면 파란불로 바뀐 것을 확인하고 사람들이 건너기 시작하면 그 뒤를 따라가서 모두가 건너기 전에 먼저 건넌다.

그런 것이다.

다소 늦게 올라타도 빨리 수익을 실현하면 '상투를 잡는' 일은 없다.

주식 호가창의 신 100법칙

늦게 올라탔는데 늦게 수익 실현 타이밍을 살피고 있으면 호가가 진정이 되고 한산해진 뒤에야 '매도해야 한다'는 생각이 든다.

그 시점에서는 매도 물량이 늘어서 호가창은 매도 일식이 되므로 평가이익이 사라지고 평가손실이 생긴다.

그러므로 주의해야 한다.

거래량이 늘고 호가창의 변화가 심할 때는 '내릴 시점'을 결정할 때임을 기억하자.

[어느 날의 [1914 일본기초기술]]

시간	체결가	체결량
13:36	523	1200
13:36	523	100
13:36	524	700
13:34	524	100
13:33	525	1000
13:33	526	2000
13:33	526	800
13:33	527	800

오후장에
자사주 매입
뉴스가 나오면서
갑자기
인기 폭발

	시장가	
매도	지정가	매수
68300	OVER	
900	526	
300	525	
100	524	
	522	600
	521	3800
	520	2700
	519	3600
	UNDER	52900

현재 주가 → 523

거래량이 터졌던
가격대를 기억하자

주가에는 거래가 많이 체결된 가격대가 있다.

이것은 최근의 가격대뿐 아니라 지난 몇 년 전 데이터까지 확인해볼 필요가 있다.

상장한 이래의 최고가, 인기종목이었던 과거의 가격대.

인터넷으로 검색해보면 각 종목의 가격대별 거래량을 알 수 있다.

이 시점에는 '강제 장투(장기투자)'를 하는 투자자가 매도해서 탈출할 생각을 할 가능성이 있으므로 주가가 무겁다.

최근의 매매 동향과 호가창뿐 아니라 과거에 고점에 물린 사람의 존재를 의식해야 한다.

그 타이밍을 알아두면 과거의 고점이었던 주가에서 호가창에 매도 물량이 쏟아져나오리라 예측할 수 있다.

이런 '매도 주문이 많은 가격대'가 나타나면 그보다 **좀 낮은 호가에서 매도하여 수익을 챙길 준비를** 해야 한다.

현실이 그런데도 아무 근거 없는 희망으로 기다리기만 하면 대체로 실패한다.

크게 벌고 싶은 마음은 이해하지만 그렇게 하면 수익을 챙길 가능성이 줄어든다.

모두가 원하는 희망 매도 가격보다 조금 낮은 곳에서 빠져나가자.

이것이 트레이딩의 기본이다.

자신의 계획만 우선하고 상대의 행동을 읽지 못하면 승리할 확률이 현저하게 떨어진다.

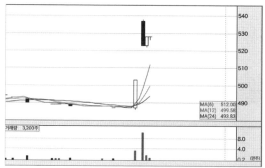

[어느 날의 [1914 일본기초기술]의 5분봉]

대폭 상승에
좋아하지만 말고
과거의 가격대를
확인한다

[[1914 일본기초기술]의 일봉]

가부탄 https://kabutan.jp

제**9**장

호가창의
호흡을
느낀다

- 변화에 적응하지 못하는 사람은
  변화에 날아가 버릴 것이다.
  변화를 인식하고 반응하는 사람은 이익을 얻을 것이다.
  짐 로저스

- '승리하려는 의지'는 그리 중요하지 않다.
  그런 것은 누구나 갖고 있다.
  중요한 것은 승리하기 위해 준비하는 의지다.
  보비 나이트, 농구 코치

인기 종목의 호가창은
숨을 쉰다

인기가 집중된 종목의 호가창과 소외된 종목의 호가창을 비교해보면 명확한 차이가 있다.

그것은 **자주 호흡하고 있는가**이다.

소외주는 간혹가다가 호흡한다.

그래서 답답하다.

그러나 인기 종목에는 매수 주문과 매도 주문 모두 많은 수량이 모이므로 1초에 몇 번씩 거래가 체결된다.

주가도 밀고 당김을 반복한다.

상승한다 싶으면 갑자기 뚝 떨어진다.

그러나 잘 보면 방향성이 있다.

위로 차근차근 올라가는 움직임이 있으면 높은 호가를 좇는 양상을 띤다. 그곳에 매수 주문이 모여든다.

그러나 어느 정도 상승하면 이번에는 매도 물량이 나온다.

많은 수량을 소화하면서 투자자들이 각자의 생각에 따라 호가창을 노려보면서 매수와 매도 주문을 반복한다.

거기서 누가 승리하는가.

어떤 주가가 유리하고 어떤 주가가 불리한가.

호가창의 양상이 주식 거래의 승패를 가른다.

주식 호가창의 신 100법칙

호가창을 제대로 읽는 것이 승리로 이어진다.

호흡하는 호가창의 방향성을 읽는 것이 중요하다.

[어느 날의 [6920 레이저테크]의 호가창]

장 시작부터
1,400엔 이상
상승하더니
30,000엔을 앞두
고 공방을 벌인다

시간	체결가	체결량
14:29	29960.0	300
14:29	29960.0	100
14:29	29960.0	2100
14:29	29960.0	100
14:29	**29960.0**	300
14:28	29955.0	200
14:28	29955.0	100
14:28	29955.0	200

다수의
개인투자자와
큰손의 주문이
1분에 수십 번
체결된다

매도	지정가	매수
255600	OVER	
3700	29970	
1500	29965	
2600	29960	
800	29955	
	29950	600
	29945	900
	29940	1000
	29935	1800
	UNDER	314100

현재 주가   ↑ 29950

물러났다가 밀려오고
밀었다가 물러난다

대형주이건 소형주이건 갑작스러운 상한가라는 편향된 균형 외에는 주가는 매수와 매도가 서로 부딪혀 그 역학관계나 인기도를 바탕으로 오를 것인지 내려갈 것인지 치열하게 싸운다.

그 치열한 호가창의 양상을 보고 매매 판단을 결정하는 사람이 많다.

호가창이 호가창을 결정하는 것이다.

이 종목은 이렇게 될 것이라고 단정 짓지 않고 호가창의 균형을 보고 판단한다.

이것이 일반적인 주식 거래 기법이자 트레이딩 방식이다.

다만 밀고 당기기의 움직임 속에서도 **주가에는 일정한 방향이 나오므로 그 방향으로 거래가 집중된다.** 위쪽으로 향하는 호가창, 아래쪽으로 향하는 호가창이다.

호가창이 강하면 매수세가 몰린다. 약하면 매도세가 나오거나 탈출하는 경우가 많다.

이처럼 호가창은 투자자의 사고를 미묘하게 유도한다.

주식 호가창의 신 100법칙

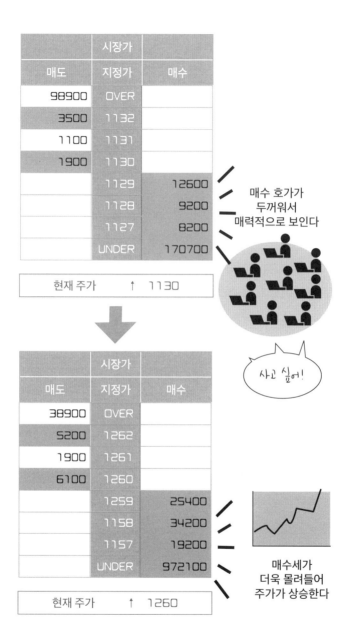

호가창의 리듬을
파악하라

앞에서 언급했듯이 주문 방식으로는 지정가와 시장가가 있다.

호가창에는 그중 지정가가 표시된다.

호가창을 보면 매수가 두꺼운지 매도가 두꺼운지 알 수 있다.

하지만 지정가만으로 호가가 움직이진 않는다는 것에 주의해야 한다.

주가 변동에 따라 시장 참여자는 **자신에게 유리하다고 생각하는 가격에 수량을 정해서 시장가 매수 또는 매도 주문을 넣는다.**

그러면 기존의 매도세가 단번에 사라진다.

하지만 기존의 매수세가 없어진다.

이것은 시장가 주문이 한 일이라고 생각하면 된다.

그 리듬이 투자자들의 생각과 전략에 영향을 끼친다.

또 알고리즘으로 실행되는 프로그램에 영향을 주면서 주가의 방향성을 정한다.

순간적인 움직임으로 다음의 주가 방향과 역학관계가 변화한다.

어떤 이론과 논리를 넘어서서 눈앞에서 펼쳐지는 움직임이 유일한 진실이며 정확한 데이터다.

그것을 보고 대응하는 것이 상책이다.

주식 호가창의 신 100법칙

매도	시장가 지정가	매수
38900	OVER	
5200	1262	
1900	1261	
6100	1260	
	1259	1400
	1158	4200
	1157	9200
	UNDER	42100

현재 주가	↑ 1260

매수 매도가 비슷해 보이지만

어째서인지 주가가 상승하는 것은

보이지 않는

매도	시장가 지정가	매수
36900	OVER	
2200	1265	
1100	1264	
3100	1263	
	1262	2400
	1261	1200
	1260	2300
	UNDER	35800

현재 주가	↑ 1263

시장가 매수 주문이 많이 나와서 매도 물량을 삼키고 있기 때문이다

약세를 띠는
호가창의 특징

호가창에는 '강세와 약세'가 있다.

약세인지 강세인지 판단하여 행동해야 한다.

약세를 띠는 호가창의 특징은 시초가 전부터 전날보다 아래에서, 즉 갭하락된 주가가 표시된다.

그것을 보고 매수 주문을 넣을 수도 있지만 기세가 약한 것은 시장 환경이 나쁘고 그 종목의 인기가 없다는 반증이므로 주가가 내려가도 그 주가에 매력을 느낀 매수세가 들어오지 않는다.

그 때문에 주가가 질질 미끄러지는 경향이 있다.

호가창이 약하다. 그 종목을 지금 보유하고 있다면 일단은 수익을 실현하자. 마찬가지로 수익 실현이나 손절하려는 움직임이 나오기 때문에 매도세가 매도세를 부르는 경향이 있다.

약한 호가는 주가가 타당한 곳까지 떨어진다. **매도세가 진정될 때까지 하락할 가능성**이 있다.

매도가 어느 정도 나와서 진정되면 더이상 매도 주문이 나오지 않으므로 주가가 바닥을 굳힌다.

신용거래로 공매도를 할 경우에는 그 호가창을 보고 주가가 바닥을 칠 때까지는 매도 물량을 보유하고 있어야 한다.

매수를 생각하는 사람은 매도세가 사라지고 반등하는 시점을 노려서 악재가 전부 소화되는 것을 확인한 뒤 '저점 매수'를 하도록 하자.

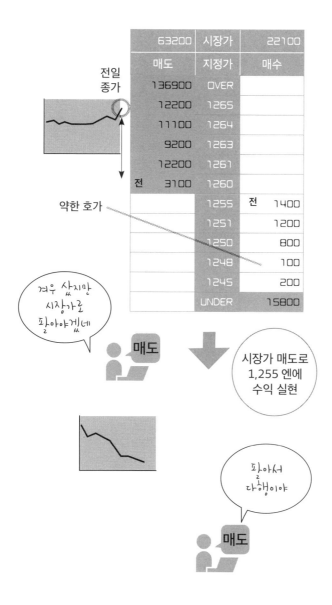

기세가 붙은
호가창의 움직임

기세가 붙은 종목의 호가창은 강한 호재나 강세 시장의 덕을 보고 매수 주문이 밀려든다.

그 움직임을 보고 투자자들이 너도나도 매수 주문을 넣기 때문에 호가는 더욱 올라간다.

자연히 **주가도 쭉쭉 상승한다.**

앞에서 언급한 언더(UNDER)와 오버(OVER)의 균형에서도 언더에 많은 물량이 제시되므로 매수하는 쪽은 강세를 보이고 강세가 강세를 부르는 선순환이 된다.

주가가 이런 경향을 띠기 시작한 초입에서는 편승(매수)해도 별문제가 없다. 빠른 단계에 들어가면 수익이 증가하는 경향이 있다.

그러나 강세장도 무한정 올라가는 것이 아니라 어느 정도 주가가 오른 다음에는 매도세가 기다리고 있다는 점에 유의해야 한다.

주가가 상승하는 **기세를 보고 대담해져서 뛰어드는 것을 조심**해야 한다.

그때의 주가 위치가 실은 고점이어서 자신이 매수한 뒤에 매도세가 나오기 시작하면 평가손실이 점점 커지기 때문이다.

아무리 호가가 강해도 결국 어느 시점에서는 매도 주문이 나오기 때문에 안일하게 생각하고 상승 기세에 올라타는 것은 생각해봐야 한다.

기세가 붙은
호가창의
상태

매도	지정가	매수
136900	OVER	
3800	1265	
2900	1264	
1900	1263	
4600	1261	
5200	1260	
	1258	8000
	1257	8300
	1256	10200
	1255	11400
	1254	15600
	UNDER	315800

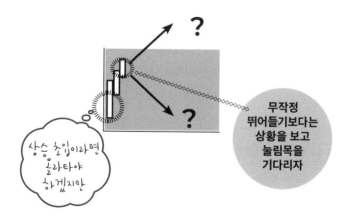

상승 초입이라면
올라타야
하겠지만

무작정
뛰어들기보다는
상황을 보고
눌림목을
기다리자

조용한 호가가
소란스러워질 때

호가창을 읽을 때는, 시간별 체결가의 움직임에 주목하자.

거래 빈도가 그리 높지 않을 때는 인기가 없을 때다.

즉 매도 주문이 많다.

그런데 조용했던 호가창이 갑자기 어지럽게 변할 때는 눈여겨봐야 한다.
아래 호가에서의 **적절한 매수 타이밍을 의식한 매수세**가 들어왔다.

주문 수량도 크다. 이에 그동안 관망하던 사람들이 반응해 매수 주문을
넣는다. 그 주가에서 매도 주문을 낸다.

이렇게 소란스러워진 호가창에 눈길이 쏠리면서 거래가 활발해진다.

물론 떠들썩해지는 것은 주가의 위치에도 관계가 있지만 의외성이 있는
재료가 나왔을 때 호가창은 소란스러워진다.

특히 시장 전체가 부진한 와중에 강세를 띠는 호가창의 움직임이 나왔을
때는 해당 종목에 확신을 보이는 사람이 많다는 증거이므로 추종하여 매수
주문을 할지 관망할지 중요한 판단을 내릴 시점이다.

재료가 발표되기 전부터 움직이는 종목도 있지만 대개 뉴스에 반응한다.
호가는 뉴스에 민감하게 반응하는 법이다.

그 이면에는 뉴스로 주식 거래 여부를 판단하는 개인투자자와 법인들의
투자 행동이 있다.

주식 호가창의 신 100법칙

갑자기
소란스러워진
호가창

매도	지정가	매수
5900	OVER	

	1259 특	8000
	1258	8300
	1257	10200
	1256	11400
	1255	15600
	UNDER	315800

어떤 뉴스로
상승했는지
확인하고
진입 여부를
판단

제 **10** 장

살 때와 팔 때의 호가창과 차트

- 평범한 일을 매일 평범한 마음으로 실행할 수 있는 것이 비범이다.
  앙드레 지드

- "내가 옳다는 것을 어떻게 아는가?"
  관점의 이동은 마치 지금까지 일차원이었던 것이 다차원으로 보이게 만든다.
  레이 달리오, 미국의 투자자이자 헤지펀드 매니저

호가창과 차트의
상관관계

호가창 읽는 법과 느끼는 방법에 대해 설명했는데, 거래를 판단할 때 좀 더 정확도를 높이려면 호가창의 움직임을 시각화한 캔들의 움직임을 동시에 보는 것을 추천한다.

캔들은 1분봉, 3분봉, 5분봉, 10분봉 등 다양하다.

호가창은 매수와 매도의 수량과 강도, **주가의 기세 변화 양상을 실시간**으로 세세하게 알 수 있다.

그것으로 시세의 변동성을 직접 느낄 수 있지만 안타깝게도 사람들은 수치만 보고 있으면 뭐가 뭔지 모르게 된다.

능력에 한계가 있기 때문이다.

그것을 시각화하여 보완해 주는 게 캔들이다.

따라서 호가창, 시간별 체결가, 캔들을 동시에 시야에 넣고 확률을 높여서 시세의 오르내림과 주가의 방향성을 파악하는 것이 좋다.

'나는 호가창을 우선시한다', '뭐니 뭐니 해도 차트가 제일이다'라는 식의 고집은 아무 소용이 없으며 당연히 이점도 없다.

주식투자에서는 도움이 될 만한 데이터나 기법은 무엇이든 활용해 거래 성공 확률을 높이는 것이 중요하다.

다만 RSI라든가, 일목균형표 등은 중장기적 관점에서 활용되지만, 반드시 그대로 된다는 법은 없다. 뉴스와 리스크에 따라 얼마든지 변할 수 있다는 것을 알아두자.

호가창과 5분봉 캔들을 확인하면 신속하게 주가의 흐름을 파악할 수 있다. 이 지표가 시시각각 변화하는 지금의 주식시장에 훨씬 적합하다.

[차트·호가창·체결가라는 3요소로 판단한다]

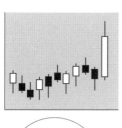

매도	시장가 지정가	매수
46500	OVER	
1300	1610	
1200	1609	
2800	1608	
	1607	15200
	1606	13200
	1605	1800
	UNDER	102200

현재 호가	↑ 1608

시간	체결가	체결량
11:01	805.1	200
11:01	805.2	1000
11:01	805.1	400
11:01	805.1	100
11:01	805.2	600
11:01	805.1	600
11:01	805.0	1300
11:01	805.0	500

캔들의
모양으로
주가 움직임을
파악한다

어디에 주문이
많이 모여 있는지
볼 수 있다

하나하나의
상세한 주문 체결
양상을
볼 수 있다

양봉이 나왔을 때의
호가창의 변화

여기서는 호가창과 병행하여 참고하는 단기 캔들을 5분봉으로 한정하여 살펴보겠다.

매일 아침 9시 정각의 주가는 그날의 시작이며, 그 주가는 캔들의 기준점이 된다.

거기서 **위로 가면 '양봉'이 된다.**

강한 양봉을 형성하는 캔들은 아침부터 매수세가 강하거나 매도세가 많아도 이후 반등할 때다.

아침부터 일관되게 강한 캔들은 시장 전체의 영향을 받아서이기도 하지만 그보다는 개별적으로 강한 재료가 있었을 때다.

사고 싶은 사람이 많다 보니 수익을 실현하려는 매도 물량이 어느 정도 나와도 주가는 점점 오른다.

이 책을 쓰고 있는 지금, 주가가 가장 강세를 띠는 업종은 선박주(그 후 약해졌지만)다.

신종코로나바이러스가 한풀 꺾인 서구에서 해상 물류 수요가 엄청나게 늘었고 아울러 발틱해운지수(BDI)가 고공행진을 하고 있으므로 당분간 해운사들의 실적이 좋을 것이다. 컨테이너선들이 선착장을 빼곡히 메우고 있기 때문이다. 게다가 배당수익률이 8% 이상이다. 저금리 상황에서 있을 수 없는 수치라 할 수 있다.

또한 PER(주가수익률)이 대형주의 평균은 13배에서 15배인데 비해 2~3배에 달한다. 그래서 인기를 끌고 있으므로 (크게 오르면 매도세가 나오긴 하지만) 이런 종목들의 차트를 보면 일봉이건 5분봉이건 양봉이 많다.

시초가보다 종가가 높은 이상적인 형태다.

호가창에도 당연히 매수세가 강한 경향을 보인다.

그래서 이런 인기 종목, 크게 움직이는 종목은 보유자들이 수익을 실현하려고 매도해서 주가가 살짝 눌렸을 때 들어가면 좋다. 주가가 약세를 띠는 시점이 반드시 있으므로 그때 들어가도록 하자.

매도	지정가	매수
46500	OVER	
1300	1610	
1200	1609	
2800	1608	
	1607	15200
	1606	13200
	1605	1800
	UNDER	102200

이익을 실현을 위해 주문한 시점에 낮은 가격으로 매수

음봉이 되었을 때의
호가창

주가는 어떤 재료주든 항상 오르거나 항상 양봉일 수는 없다.

그것은 호가창에도 나타난다.

그래서 호가창의 양상과 캔들 모양의 변화(캔들은 실시간으로 호가창과 함께 변한다)를 보면서 그때 주가의 강도와 방향성을 봐야 한다.

아침부터 갑자기 **음봉으로 쭉쭉 떨어지면 매도 물량이 많다**는 이야기이므로 주의해야 한다.

어디까지 매도세가 이어질지 살펴보자. 눈을 떼선 안 된다.

음봉에는 두 가지 성질이 있다.

하나는 실적 부진, 고점에서의 하락 등 악재가 생겼을 때다.

이런 종류의 음봉은 요주의다.

반면 기업의 실적도 좋고 인기가 있지만, 미국 시장이나 시장 전체의 움직임, 신용거래의 추가 증거금 등으로 매도세가 나올 때가 있다.

이것은 일시적인 것이므로, '눌림목은 기회'라고 해석하면 된다.

그 종목 자체는 호재가 있어 인기가 있지만, 일시적으로 동반 약세를 보이고 수익 실현에 따른 주가 하락으로 음봉 캔들을 그린다.

이것은 절호의 '매수 기회'다.

주식거래에서 **이기는 사람은 이때를 놓치지 않는다.**

오히려 기꺼이 주가의 움직임과 호가창의 마이너스를 주시한다.

어디까지 하락할지 목표 가격을 정하고 매수한다.

또는 아래 가격에 지정가 주문을 넣어서 '매수 주문이 체결되면 소소하게 번다' 정도의 방침으로 실행한다.

이렇게 할 수 있는 사람이야말로 고수라고 할 수 있다.

그러나 현실에는 강세를 보이는 호가창과 캔들을 보고 올라타는 사람들이 더 많다. 그 사람들은 주가가 하락하면 물량을 던지거나 평가손실액을 보면서 마음을 졸일 것이다.

실적 악화, 고점에서 하락 등의 경우에는 매수하지 않는다

일시적 눌림목은 기회로 보고 낮은 가격에 지정가 주문

매도	지정가	매수
346500	OVER	
9300	1610	
11200	1609	
32800	1608	
	1607	1200
	1606	200
	1605	1800
	UNDER	102200

꼬리가 달린
캔들일 때의 호가창

캔들에 달린 '꼬리'는 일시적으로 거래가 있었지만, 종가 시점에서는 그 주가까지 올라오지 못하여 순간적으로 시세를 분출한 흔적으로 남아 있는 것이다.

'윗꼬리'는 매수하려는 사람들이 우르르 몰려서 고가에 매수했지만, 이때다 싶은 매도세가 나와서 주가가 아래로 밀린 모습을 볼 수 있다.

위에서 이익을 실현하는 매도 주문과 **신용거래의 '공매도'가 대기하는 '약세'**를 나타내는 선이다.

현물 거래를 하는 사람은 이럴 때 매수하면 안 된다.

상투, 즉 고점에서 물리는 전형적인 모습이 되기 때문이다.

반면 '아래꼬리'는 앞다투어 팔려는 매도 물량이 일시적으로 나왔다가 주가가 지나치게 떨어져 어느 정도 시점이 되면 '싸다'는 느낌이 들고 이때를 기다리던 사람들이 대량 매수를 했을 때 생긴다.

그로 인해 **'바닥권'을 형성하고 거기서부터 반등**한다.

긴 아래꼬리의 캔들을 보면 '강한 매수세'를 읽을 수 있다.

이런 형태의 캔들이 나온 시점에서는 매수해도 된다고 할까, 그보다 더 낮은 가격이 없기 때문에 재빨리 매수한 사람이 승리를 거두기 쉽다.

이 시점의 호가창은 조금 전의 매도세 우위가 거짓말처럼 사라지고 위

호가에 매수세가 유입되면서 주가가 쑥쑥 올라간다.

캔들은 호가창만으로는 이해하기 어려운 주가의 강세를 시각적으로 확인할 수 있어 거래 방향을 판단할 때 크게 도움이 된다.

꼬리는 캔들의 몸통이 아니므로 주가가 지나치게 위 또는 아래로 움직였을 때의 신호이며, 지나치게 올랐을 때는 '매도', 지나치게 아래로 내려갔을 때의 꼬리는 '매수'로 보면 틀림이 없다.

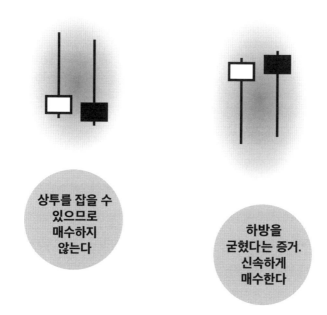

상투를 잡을 수
있으므로
매수하지
않는다

하방을
굳혔다는 증거.
신속하게
매수한다

양봉이 이어지는
호가창에는 이렇게 대응한다

5분봉과 일봉에서 양봉이 많은 것은 그 종목이 오를 것으로 예측하는 사람이 많다는 증거다.

이렇게 양봉이 이뤄지는 종목의 호가창은 항상 시가보다 종가가 높다. 5분봉과 일봉 모두 해당한다. 이것은 거래하기 **아주 쉬운 움직임이므로 호가창에도 자신감**이 드러난다.

상한가가 아닌 한 주가를 올리는 형태의 호가창은 어느 정도 매수가 들어와 주가를 올리는 한편으로 적당히 이익을 실현하려는 매도 주문도 들어온다.

그러면서 주가가 점차 높아진다.

이것은 투자자들이 넣는 매도 주문과 알고리즘 매매의 결과다.

다만 기본적으로는 매수세가 강하고 호가를 높여서 매수되기 때문에 이렇게 엎치락뒤치락할 때 매수하는 것이 좋다.

양봉이 계속된다고는 해도 일시적으로 음봉이나 십자형 캔들과 같은 '보합'을 알리는 주가가 형성될 때가 있다.

그때가 **바로 매수 타이밍**이다.

그렇게 매수하면 대체로 평가이익이 나므로 스트레스를 받지 않고 거래할 수 있다.

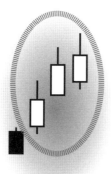

매도	지정가	매수
96500	OVER	
1300	1610	
1200	1609	
2800	1608	
	1607	15200
	1606	13200
	1605	1800
	UNDER	102200

매수 매도가
엎치락뒤치락하며
주가가
상승한다

주가 상승을 위한
공방전이라면
매수할 시점

음봉이 이어지는 캔들이
많을 때의 호가창은 관망

캔들이 음봉이 많다는 것은 '하락세'를 나타낸다.

어느 정도 **매수세가 들어와도 매도세가** 생긴다.

실적이 나쁘다, 불투명하다 또한, 과도한 상승의 반동으로 하락 추세를 그린다.

이런 주가가 움직임 때 음봉이 종종 나타난다.

어떤 종목에 대한 믿음으로 캔들과 호가창의 양상이 별로 좋지 않은데도 매수하고 싶어하는 사람들이 꽤 많은데 그런 습관은 빨리 버리는 것이 좋다.

여기서 주의해야 할 것은, '눌림목'과 하락의 차이다.

눌림목은 우상향하는 도중에 **이익을 실현하는 매도세가 나왔을 때** 생긴다. 이때 호가창에는 규모가 있는 매도 물량이 가끔 나온다.

하지만 하락세는 아니므로 큰손의 매수도 생긴다.

주가가 하락하기만 하는 것이 아니라 보유자들이 이익을 실현하는 시점이지만 적당히 매수 주문도 들어오는 것이 특징이다.

주가 하락은 호가가 점점 떨어지면서 하한가를 향하는 듯한 움직임이다.

이때 호가창을 보면 매도세가 강하며 간혹 들어오는 매수세는 매도세에 비해 약하고 적은 특징이 있다. '하락이 멈추는지'를 확인하지 않고 들어가면 평가손실이 점점 커질 수 있다.

주가가 이렇게 움직일 때는 신중해야 한다.

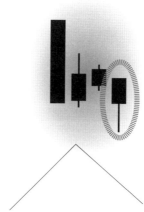

· 우상향하는 강세장
· 대량 매수세가 때때로 나온다
· 큰손의 매수가 들어온다

· 호가가 점점 아래쪽으로 이동한다
· 매도세가 강하다
· 간혹 매수세가 들어올 뿐 매수 주문이 적다

눌림목
=
매수 시점

하락
=
하락이 멈추기를
확인

보합을 알리는 십자형 캔들이 많을 때의 호가창

캔들의 모양과 연속되는 형태로 주가가 오르는지 내리는지 파악할 수 있다. 그런데 주가 추이에는 '보합세'라는 것이 있다.

고가 보유, 하한가 보유라는 비유다.

그럴 때는 어떻게 대처해야 할까.

고가에서의 보합세로 십자형 캔들이 많이 나오는 것은 인기 종목, 저평가 종목, 다음의 고가를 노릴 때가 많다.

어느 정도 매도세도 나오지만, 주가가 하락할 만한 규모의 매도세는 나오지 않는다.

이것은 당면한 **이익 실현 물량을 삼키는 십자형 캔들이다.**

'동트기 전 새벽의 호가창'을 발견하는 것은 주식에서 이기기 위한 중요한 요소다.

호가가 얇다, 비인기 종목이라고 눈을 떼지 말고 다음 움직임에 주목해야 한다.

사람들이 눈을 돌릴 때 기회가 오기 때문이다.

반면 주가가 하락하고 떨어질 만큼 떨어져 주가 변동 폭이 작아지면서 오르지도 내리지도 않는 상태다.

주식 호가창의 신 100법칙

지금까지 내려왔지만 매도세가 지속할만한 악재는 이제 사라졌고 그 정도 주가 수준이면 '싸다'고 생각해서 들어오는 매수 주문도 있기 때문에 다음 반등을 노리는 잠복기라고 할 수 있다.

이때 호가창을 보면 그렇게 자주 거래가 체결되지 않아서 시간별 체결가도 띄엄띄엄 있는 경우가 많다.

말하자면 더이상 주가가 하락하지 않는 **대바닥으로 생각**할 수 있으므로 중장기적 관점에서 매수해도 좋고 어떤 계기로 인한 주가 급상승과 거래량 급증이 일어나기를 기다리는 것도 방법이다.

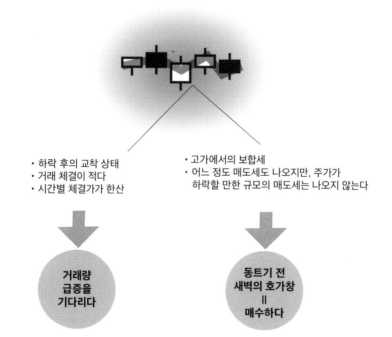

- 하락 후의 교착 상태
- 거래 체결이 적다
- 시간별 체결가가 한산

- 고가에서의 보합세
- 어느 정도 매도세도 나오지만, 주가가 하락할 만한 규모의 매도세는 나오지 않는다

**거래량
급증을
기다리다**

**동트기 전
새벽의 호가창
=
매수하다**

우상향하는 도중에 '눌림목'인 호가창

테마를 타는 인기 종목은 누구나 올라타고 싶어한다.

그런데 올라타는 것도 무섭고 혹여 주가가 떨어지면 이제 끝일지도 모른다며 망설인다.

좀처럼 오르는 종목을 봐도 편승하지 못하는 경향이 있다.

하지만 주식투자에는 '첫 눌림목은 매수 신호'라는 말이 있다.

힘차게 오르기 시작한 종목에 들어가려면 처음 발생 하락세에 들어가는 것이 좋다는 오랜 주식시장의 역사 속에서 생긴 경험 법칙이다.

'눌림목'이라고 하지만 무섭게 올라온 종목에서도 **오르다가 매수세가 주춤해 매도세에 밀릴 때가 있다.**

하지만 그때야말로 올라탈 시점이다.

투자자들은 종종 주가가 오를 때 매수하고 싶어한다.

상승하고 있는 종목이기 때문에 앞으로도 더 오를 것이라는 자신감이다.

그러나 우상향 종목일 때는 물론 크게 손실을 내진 않겠지만 크게 눌렸을 때 들어가는 편이 유리하게 수익을 확보할 수 있다.

인기가 많은 종목은 호가창이 조용할 때, 매도세가 갑자기 많아졌을 때가 매수할 기회.

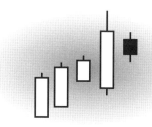

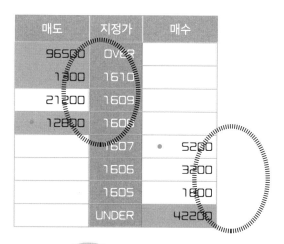

매도	지정가	매수
96500	OVER	
1300	1610	
21200	1609	
12800	1608	
	1607	5200
	1606	3200
	1605	1600
	UNDER	42200

**눌림목은
매수 기회**

눌림목이 아니어도
상승 도중에
매도 물량에
밀려서 일시적으로
주춤하다면
진입 가능

대바닥에서 반등하는 종목의 호가창은 이렇게 예측한다

주가의 바닥을 알리는 신호로 유명한 '하락 삼공 패턴'이라는 게 있다.

3일 연속 갭 하락한 뒤 음봉에 반등하는 매수세, 즉 **양봉 캔들을 확인하고 사는 것**이 가장 유리하다.

물론 주가가 강하게 내리면서 음봉이 이어지는 주가를 보면 투자자들은 보통 '두려움에 선뜻 들어가지 못한다.'

하지만 높은 확률로 이익을 내려면 크게 오른 종목에 뛰어오르는 것보다 내릴 만큼 내리고 **반등 매수세가 나왔을 때 진입하는 것이 상책**이다.

삼공(三空)이라고 할 정도는 아니더라도 크게 내려와서 하락세가 잠잠해진 뒤 양봉이 나올 때도 있다.

이것이 매수 신호가 되기 쉽다.

음봉뿐이던 캔들에 갑자기 그 캔들보다 큰 매수세가 나오면서 전날의 음봉을 긴 양봉이 감쌌을 때다.

그것은 '**매수 신호**'다.

이때 호가창은 전날까지도 조용한 호가창이 거짓말처럼 매수세가 점점 커져 와글와글해진다.

이를 계기로 그동안 관망하던 사람들이 '여기 바닥이구나'하고 확신하면서 속속 진입한다. 그렇게 되면 종종 매도 물량을 능가하는 매수 물량이 들어와 손바뀜이 일어나 호가창이 바빠지는 것이다.

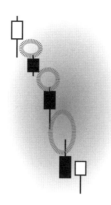

매도	지정가	매수
36300	OVER	
1300	1610	
1200	1609	
2800	1608	
	1607	15200
	1606	13200
	1605	21800
	UNDER	102200

갑자기
거짓말처럼
매수세가 증가한다

=

바닥이므로 산다

고점에서의 장대음봉 캔들과 매도 일색인 호가창은 도망치라는 신호

주가가 오랫동안 크게 상승했을 때.

사람들이 '대단한 주식'이라고 인식하면 그때부터 주가는 천정부지로 올라간다.

하지만 사실 주가에 **'천정부지'란 없다.**

그래서 보유자도 '언제가 상승의 끝인가. 매도 시점인가'를 일말의 불안감을 안고 있다.

그 미지수 상승 후 급격하게 매도 물량이 호가창이 나타나면 매도 대기자들이 우르르 매도 주문을 넣기 시작한다.

수익을 챙기기 위해서다.

이때의 호가창에는 대규모 매도 주문이 나온다.

사는 사람도 많지만 파는 사람이 몇 배나 늘어난다.

눈치 빠른 사람은 높은 주가에서 나오는 장대음봉을 보고 팔아야겠다며 즉각 매도 주문 버튼을 누르고 탈출한다.

그 양상이 캔들에 나타나며 호가창을 봐도 매도 물량이 매수 물량을 압도하므로 알 수 있을 것이다.

고점에서 나타난 장대음봉.

이 시점에서 '다시 오를 것이다', '눌림목은 매수 기회'라고 생각한다면 공부가 부족한 것이다.

무조건 36계 줄행랑을 쳐야 하는 캔들이자 호가창이다.

이럴 때 **기민하게 움직이지 못하면 패배하는 습관이 든 투자자라는 패턴에서 벗어날 수 없다.**

최악의 패턴을 자신의 머리에 새겨 둬야 한다.

주식투자에서 가장 중요한 것은 손해를 키우지 않는 것이다.

큰 손해를 보면 만회하기 힘들고 부정적인 사고를 하게 되기 때문이다.

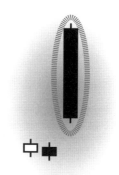

시간	체결가	체결량
11:01	1510	200
11:01	1508	1000
11:01	1500	400
11:01	1475	100
11:01	1460	600
11:01	1450	600
11:01	1450	1300
11:01	1440	500

**보유 주식이
있다면
무조건
팔고 도망친다**

제11장

호가창과
차트로
승부한다

- **어디로 가는지 모르면 아무 데도 갈 수 없다.**
  헨리 키신저, 미국 前 국무장관

- **열정은 좋지만 집착은 사물에 대한 판단을 편협하게 하고 능률을 떨어뜨린다.**
  혼다 세이로쿠, 일본의 임학자

가격변동이 심해서 방향성을 알 수 없을 때의 캔들 사용법

호가창의 정보는 주가의 실시간 유일한 데이터로 현지 이루어지는 거래 상황을 피부로 느낄 수 있다.

그런 의미에서 몇 초 동안의 매수 주문과 매도 주문의 역학관계를 읽을 수 있고, 여기서 매수할지 반대로 매도할지, 관망하면서 대기할지를 판단할 근거가 된다. 그러나 호가창의 정보는 사실적이지만 수치만 나열되어 있으므로 때로는 '방향성'을 알 수 없게 되기도 한다.

그래서 의지가 되는 것이 캔들의 변화다. 추세가 강할 때는 캔들이 양봉을 그리며 뻗어 나간다. 위로 기세 좋게 뻗어나간다.

그 상황에서는 곧바로 올라타는 방법으로도 투자에 성공할 수 있다.

그것은 호가창의 매수세로도 알 수 있지만, 그것을 시각화한 캔들로 좀 더 명확하게 확인할 수 있다.

캔들의 변화를 살피면서 호가창과 병행하여 투자 판단에 참고하는 것이 바람직하다.

---

*교수형 캔들 = 위에 몸통이 있고 아래에 꼬리가 있는 캔들을 우산형 캔들이라고 하는데, 상승추세의 마지막에서 나타난 우산형 캔들은 '교수형'이라고 하며 하락반전신호로 받아들인다. 반면 이 캔들이 하락추세에서 나타나면 '망치형'이라고 하여 상승반전신호가 될 수 있다.

주식 호가창의 신 100법칙

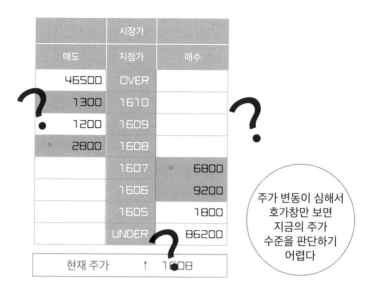

매도	시장가 지정가	매수
46500	OVER	
1300	1610	
1200	1609	
2800	1608	
	1607	6800
	1606	9200
	1605	1800
	UNDER	86200

현재 주가	↑ 1608

주가 변동이 심해서 호가창만 보면 지금의 주가 수준을 판단하기 어렵다

차트를 보면 상황을 한눈에 파악할 수 있다

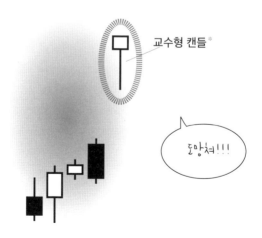

교수형 캔들※

도망쳐!!!

체결가가 심하게 움직이는
호가창에서는 캔들을 의지하자

주식 거래가 치열해지고 거래량도 늘어나면 거래 체결 빈도가 대단히 높아진다.

게다가 요즘 기관투자가들은 **컴퓨터 매매로 차익**을 낸다.

시간을 들이지 않고 당장의 소소한 주가 변동에 따라 일정한 단위로 매매해서 수익을 실현하는 대단히 높은 확률의 알고리즘 매매기법이다.

이 컴퓨터 매매는 미리 프로그래밍된 방향으로 거액의 자금을 넣어서 거래하기 때문에 개인투자자들은 상대할 수 없다.

개인이 할 수 있는 것은 어느 정도의 가격 변동 폭을 예측하고 거기서 수익을 내는 것이다. 순식간에 형성되는 **캔들의 모양과 방향**을 읽고 주가 상승 시 눌림목에 능숙하게 올라타서 수익을 챙긴다.

호가창만으로는 읽을 수 없는 격렬한 움직임을 캔들로 느끼도록 하자.

시간	체결가	체결량
9 : 00	1875	200
9 : 00	1874	1000
9 : 00	1890	400
9 : 00	1891	100
9 : 00	1892	600
9 : 00	1892	600
9 : 00	1893	1300
9 : 00	1890	500

체결가의 움직임이
눈으로 좇을 수
없을 만큼
심하게 변한다

**변동 폭을
파악하기 위해
호가창과 차트를
동시에 본다**

[어느 날의 [3962 체인지]]

가부탄 https://kabutan.jp

캔들로
보합세를 읽는다

호가창으로 좀처럼 읽기 어려운 움직임은 캔들이 알려준다.

주가가 높은 곳에서 오르내림의 보합세가 된 국면에서 가격 변동 폭을 잘 잡으려면 주가가 낮을 때와 높을 때의 **가격대를 확인하는 것**이 중요하다. 매수와 매도가 팽팽히 줄다리기하면서 좀처럼 위도 아래도 가지 않는 주가에서도 약간의 가격 변동으로 수익을 낼 수 있다.

어느 정도의 변동 폭으로 주가가 움직이는지 알면 주가 방향이 크게 나오지 않을 때도 여기서 매수와 매도는 전략을 세우기 쉽다. 그것은 호가창만으로는 좀처럼 읽기 어려운 일이다.

캔들로 변동 폭을 알면 낮은 주가에서 **지정가로 매수**하고 높은 주가로 지정가로 매도 주문을 걸어놓으면 자동으로 이익을 얻을 수 있다. 컴퓨터가 없어도 가능한 거래 방법이다.

[**어느 날의 [4980 덱세리알즈]의 호가창**]

4980	도쿄	표시	R 매수 매도 신용 상환 C N
덱세리알즈			도쿄1

현재가	3460	10:42	—	시장가	
	+95	+2.82%	매도	지정가	매수
VWAP	3512.2283		126700	OVER	
VOL	449000		3300	3510	
시가	3455	09:03	10800	3505	
고가	3575	09:17	5200	3500	
저가	3445	10:41	1600	3495	
전일종가	3365	11/16	8300	3490	
금액	1576990500		2000	3485	
연중최고가	3575	11/17	2600	3480	
연중최저가	1277	01/04	2600	3475	
			2200	3470	
시간	체결가	거래량	1800	3465	
10:42	3460	1000		3455	1100
10:42	3460	100		3450	2200
10:42	3455	100		3445	4700
10:42	3450	300		3440	6300
10:42	3455	1800		3435	14800
10:42	3450	100		3430	4200
10:41	3450	400		3425	6100
10:41	3450	100		3420	3900
10:41	3445	100		3415	1800
10:41	3450	100		3410	2400
10:41	3445	400		UNDER	119800
10:41	3445	100			
10:41	3455	100			
10:41	3450	100			

매수와 매도가 팽팽하구나. 방향성을 잘 모르겠어

일봉 차트

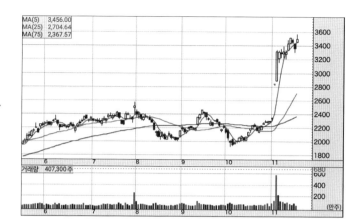

5분봉 차트

가부탄 https://kabutan.jp

주가가 오를 때의
호가장을 캔들로 읽는다

호가창을 보면 알 수 있듯이, 주가는 비록 상승할 때라도 반드시 수익을 실현하는 매도 주문이 나온다. 그 움직임에서는 서둘러 고가에 살 것이 아니라, 오르내림의 리듬을 읽고 '하락'에 사서 '상승'에 파는 거래를 해야 한다.

그것은 **캔들의 모양이 위로 향할 때 양봉과 음봉이 교차**한다든가, 양봉이 나와도 그 폭이 짧아지거나 길어지는 변화를 읽는 작전이 중요하다.

위로 가는 주가의 움직임에서도 일시적으로 밀리는 현상이 반드시 나타난다. 주가가 상승할 때도 주가가 눌릴 것을 예측해 눌린 주가를 계산해두고 위로 다시 상승하는 국면에서 매수 주문을 낸다.

주식 가격이 상승하는 경향에서도 '치고빠지는 단기 거래'를 잘하기 위해서는 무엇보다 호가창과 캔들을 조합하여 판단하면 좋다.

[어느 날의 [7734 리켄계기]의 호가창]

7734	도쿄	표시		R 매수 매도 신용 상환 C N
리켄계기				도쿄1

				시장가	
현재가	4070	11:27	—	매도 지정가	매수
	+255	+6.68%			
VWAP		4046.6940		7700	OVER
VOL		97700		300	4125
시가	3840	09:00		200	4120
고가	4145	09:26		700	4115
저가	3820	09:01		800	4110
전일종가	3815	11/16		1500	4105
금액		395362000		1300	4100
연중 최고가	4145	11/17		1100	4095
연중 최저가	2537	07/21		500	4090
				100	4085
시간	체결가	거래량		300 ·	4080
11:27	4070	200			4065	300
11:27	4065	200			4060	1100
11:27	4065	200			4055	300
11:27	4060	100			4050	1400
11:27	4060	200			4045	300
11:27	4060	200			4040	600
11:27	4060	500			4035	500
11:26	4060	300			4030	1200
11:26	4060	300			4025	200
11:26	4055	300			4020	100
11:26	4050	100			UNDER	9400
11:26	4045	100				
11:26	4050	100				
11:26	4060	100				

오늘은 오르긴 합지만… 지금이 눌림목일까 아니면 고점일까

au카부코무증권 https://kabu.com

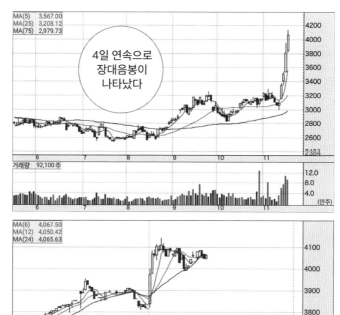

일봉 차트

5분봉 차트

가부탄 https://kabutan.jp

호가창과 거래량을
병행해 기세를 읽는다

호가창에서는 시간별 체결가와 매매 수량을 보고 현재의 거래량을 파악할 수 있다.

그러나 수치 변동만으로는 **흐름이 눈에 들어오지 않아** 확실한 판단을 내리기 어려울 수도 있다.

그럴 때는 1분봉이나 5분봉 차트에 표시된 거래량으로 주가의 기세를 읽을 수 있다.

거래량이 늘고 있을 때는 매도세도 많지만, 그보다 매수세가 많이 나오므로 주가가 쉽게 상승한다.

그 기세를 타고 어느 정도 이익을 확보하면서 확실하게 거래하면 된다.

주가의 리듬은 가격 변동, 캔들, 거래량을 참조하면 대체로 알 수 있으므로 그 지표들을 이용하

[어느 날의 [3962 체인지]의 호가창]

3962	도쿄	✕	표시		매수 매도 신용 상환 거래 C N
체인지					도쿄1]

			---	시장가	
현재가	2425	11:30	매도	지정가	매수
C	+189	+8.45%			
VWAP		2435.7293	461800	OVER	
VOL		3945800	1500	2435	
시가	2377	09:06	1700	2434	
고가	2520	09:15	1400	2433	
저가	2365	09:06	400	2432	
전일종가	2236	11/16	1600	2431	
금액		9610900500	900	2430	
연중 최고가	4150	02/16	200	2429	
연중 최저가	1824	11/11	200	2428	
			1200	2427	
시간	체결가	거래량	400	2426	
11:30	2425	7900		2424	300
11:29	2424	100		2423	2100
11:29	2425	100		2422	2200
11:29	2424	200		2421	3200
11:29	2424	100		2420	7400
11:29	2424	200		2419	1500
11:29	2425	100		2418	1500
11:29	2425	100		2417	500
11:29	2425	800		2416	300
11:29	2425	100		2415	1800
11:29	2425	100		UNDER	447100
11:29	2425	100			

UNDER와 OVER가 거의 비슷하네. 체결가도 별 움직임이 없어...

au카부코무증권 https://kabu.com

주식 호가창의 신 100법칙

여 **주가의 움직임을 읽어나가자.**

호가창과 거래량, 양쪽에서 기세를 느낄 수 있으면 주가가 위로 가는지 아래로 가는지 알 수 있으므로 실패할 확률을 낮출 수 있다.

5분봉 차트

일봉 차트

가부탄 https://kabutan.jp

급격히 상승하는 호가창과
캔들의 형태를 읽는다

주가가 급변할 때는 당연히 호가창도 급격히 변화한다.

실적 증가, 업무제휴, 신제품 출시 등 다양한 정보가 급격한 주가 상승의 계기가 되어 엄청난 상승세로 위 호가에서 주문이 들어와 소량의 매도 물량을 삼켜간다.

매도 주문이 나와도 금세 사버려 매수세가 점점 거세진다.

중소형 종목에서는 애초에 호가창이 별로 두껍지 않으므로 매수와 매도의 균형이 깨지면 금세 매수 쪽으로 기울어진다.

그것은 당연히 호가창의 양상으로 알 수 있지만, 캔들을 함께 참조하면 더욱 분명하게 판단할 수 있다.

검색해서 만약 강한 호재가 이면에 있다면 시장가 매수 주문을 넣어 도전해 보자.

[어느 날의 [6338 타카트리]의 호가창]

6338	도쿄 ∨	표시		R 매수 매도 신용 신용	C N
타카트리					도쿄2]

현재가	1697	11:30	1800	시장가	600
	+169 +11.06%		매도	지정가	매수
VWAP	1652.0703				
VOL	378500		38500	OVER	
시가	1568	09:02	200	1712	
고가	1736	11:11	6100	1710	
저가	1567	09:02	100	1709	
전일종가	1528	11/16	100	1708	
금액	625308600		100	1705	
연중 최고가	1736	11/17	100	1703	
연중 최저가	620	01/04	1400	1700	

시간	체결가	거래량			
			100	1699	
11:30	1697	100	300	1698	
11:29	1703	200	2200 전	1696	
11:29	1700	300		1696 전	2200
11:28	1705	800		1694	200
11:28	1705	100		1693	300
11:28	1699	100		1692	100
11:28	1703	100		1691	100
11:28	1702	200		1690	200
11:27	1701	100		1688	200
11:27	1698	100		1887	200
11:26	1694	100		1686	200
11:25	1694	100		1685	200
11:25	1693	100		UNDER	59400
11:25	1697	100			

au카부코무증권 https://kabu.com

말도체
이슈로 3연속 상승!
앞으로도 더 오를까?

주가 상승의 이유가 명확하지 않을 때는 보초병 매수 정도만 도전해보자. 상승 움직임을 감지하여 정보를 조사하고 그 후에 진입할 수량을 정한다. 그 작업을 적시에 함으로써 성공 확률을 높여 승부할 수 있다.

5분봉 차트

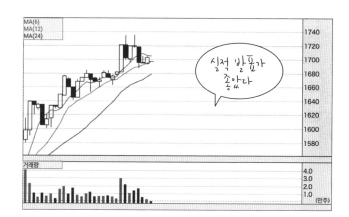

일봉 차트

가부탄 https://kabutan.jp

압도적인 매도 압력을
느끼고 움직인다

    주식투자에서 이기기 위해, 또는 지지 않으려면 주가가 하락할 때 재빨리 행동해야 한다.

    주식으로 돈을 벌고 싶다. 누구나 하는 생각이지만 그럴 때의 핵심은 '크게 패하지 않는다'는 것이다.

    크게 지지 않으면 다음 기회를 얼마든지 도모할 수 있다.

    그렇기 때문에 호가창에 이변이 일어나고, 캔들에 장대음봉이 나왔을 때는 발 빠르게 움직이는 행동력을 갖추어야 한다.

급격히 매도 물량이
나오는 것은 도망쳐야
할 어떤 정보가 있기
때문이다.

재빠르게 도망간다.

호가창과 캔들의 이
변으로 빠르게 상황을
파악하고 판단하고 행
동한다.

**도망칠 때를 명확하
게 알아차릴 수 있는**

[**어느 날의 [6616 TOREX]의 호가창**]

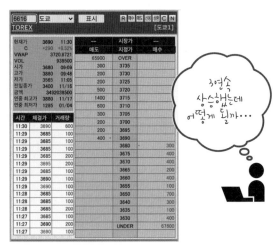

au카부코무증권 https://kabu.com

주식 호가창의 신 100법칙

것은 캔들에 나오는 급락의 신호다.

이것을 재빨리 알아차리는 것이 주식투자의 대전제다.

5분봉 차트

일봉 차트

가부탄 https://kabutan.jp

보충 설명

02 PTS에서 대폭 상승한 재료주의 호가창
1) 12월 결산이 일반적인 한국과 달리 일본 기업은 대부분 3월에 결산을 한다.
2) PTS - 증권사가 거래소를 거치지 않고 주식을 매매할 수 있는 시스템. 일본의 경우 SBI Japannext, Chi-X Japan, Osaka Digital Exchange의 3개 PTS가 영업 중이며 2023. 6월의 PTS 상장주식 거래량 비중은 약 9% 수준으로 나타났다.

04 뉴스에 반등하는 종목으로 소소하게 번다
3) 단타보다는 길고 장기투자보다는 짧게 매매기간을 가져가는 기법.
4) 일본에서는 주당 500~1,000엔 정도, 한국에서는 1,000~10,000원 정도에 거래되는 주식을 저가주라고 한다. 그보다 더 주가가 싼 종목은 '동전주'라고 불린다.
5) 야구에서 '텐버거'는 10루타라는 뜻으로 10배 수익이 난 종목을 말한다. 즉 통상 지수보다 훨씬 높은 상승률을 보이는 주식이다.

05 연속 상한가를 기록하다가 나타나는 갑작스러운 하한가
6) 일본 주식시장은 오전 09:00~11:30에 오전장이, 12:30~15:00에 오후장이 진행된다.

08 NY다우 필라델피아 반도체 지수 하락에 따른 반도체 종목의 반등을 노린다
7) 일본 주식은 100주 단위로 거래해야 한다. 한국 주식의 최소 주문 수량은 1주이다.

13 아침 8시부터 시작하는 호가
8) 한국의 주식시장은 정규 시간은 9시부터, 장 시작 동시호가는 8시 30분부터 시작한다.

26 상한가와 하한가는 비례배분으로 체결된다
9) 한국의 경우 상한가와 하한가는 시간 우선 순위, 즉 먼저 주문한 순서에 따라 체결된다.

주식 호가창의 신神 100법칙
전략이 없으면 주식 거래의 승리도 없다

1판 1쇄 발행 2024년 3월 19일
1판 2쇄 발행 2024년 5월 16일

지 은 이 | 이시이 카츠토시
옮 긴 이 | 오시연
발 행 인 | 최봉규

발 행 처 | 지상사(청홍)
등록번호 | 제2017-000075호
등록일자 | 2002. 8. 23.
주　　소 | 서울 용산구 효창원로64길 6 일진빌딩 2층
우편번호 | 04317
전화번호 | 02)3453-6111 팩시밀리 | 02)3452-1440
홈페이지 | www.jisangsa.co.kr
이 메 일 | c0583@naver.com

한국어판 출판권 ⓒ 지상사(청홍), 2024
ISBN 978-89-6502-328-9　03320

• 잘못 만들어진 책은 구입처에서 교환해 드리며, 책값은 뒤표지에 있습니다.